融合教育教材教法
TEACHING STRATEGIES FOR INCLUSIVE EDUCATION

吴淑美 著

华夏出版社
HUAXIA PUBLISHING HOUSE

图书在版编目（CIP）数据

融合教育教材教法 / 吴淑美著. --北京：华夏出版社，2018.6（2023.1 重印）

ISBN 978-7-5080-9329-1

Ⅰ．①融… Ⅱ．①吴… Ⅲ．①特殊教育－教学法 Ⅳ．①G760

中国版本图书馆 CIP 数据核字(2017)第 237534 号

本书系经台湾心理出版社股份有限公司同意授权，华夏出版社独家出版中文简体字版在大陆地区发行。中文简体版权属华夏出版社所有，翻印必究。

北京市版权局著作权合同登记号：图字 01-2017-1852 号

融合教育教材教法

作　　者	吴淑美
责任编辑	刘　娲　王一博
出版发行	华夏出版社有限公司
经　　销	新华书店
印　　装	三河市少明印务有限公司
版　　次	2018 年 6 月北京第 1 版　2023 年 1 月北京第 2 次印刷
开　　本	720×1030　1/16 开
印　　张	13.75
字　　数	262 千字
定　　价	59.00 元

华夏出版社有限公司　地址：北京市东直门外香河园北里 4 号　邮编：100028
网址：www.hxph.com.cn　电话：（010）64663331（转）

若发现本版图书有印装质量问题，请与我社营销中心联系调换。

郑　序

融合教育在大陆的实践时间不长。虽然我所在的学校接收特殊孩子随班就读已有近十年的历史，但教师们，也只能算是融合教育路上的摸行者。我们做的，多侧重于给特殊孩子提供一个友好接纳和交往的环境，以发展他们的社会性；给他们单独开设一些针对性的特殊教育课程，进行辅助性干预，发展语言智力等；根据一些孩子表现出的特殊智能，给予相应的个别化指导和展示的机会。但是，在更多的学科课堂教学中，要解决特殊孩子的有效参与和学习指导，教师们还是无从下手。因此，很多时候，一些随班就读的孩子，就成了随班坐读。我想，有很多的普通学校和教师，也正处于这样一种有心无力的境地，迫切需要融合教育理论与实践的指导。随着我国对特殊教育的重视，市面上融合教育书籍越来越多，但大多是讲理论，能对实践给予指导的书少之又少，教师在课堂中遇到的问题往往繁多复杂，难以从书中找到答案，教师依然无从下手。

有幸捧读吴淑美教授的书稿，恰有柳暗花明又一村之感。吴教授从自身从事融合教育实验班多年的实践经验出发，提供了一个全新的角度，将融合教育理论融于具体的教学策略和方法中，非常实用且清晰地给出了在多种教学策略以及各学科教学中，如何更好地落实融合教育理念。该书以普通学生为参考坐标，再加入特殊学生的需求，从而达到双赢，而不是厚此薄彼。从实用的角度讲，书中给出的教学策略和方法不仅全面，而且易模仿、操作，很接地气，同时也重视和学生家长的沟通与合作。然而，本书绝不仅仅是只关注实用性的指导书，书中一点一滴的操作细节，无不渗透着对特殊儿童深沉而理性的爱，以及对实现融合教育理想的执着追求。更难能可贵的是，书中附有对融合班教师的访谈、学生和家长对融合班的看法，使读者更加了解融合班的历程。融合教育虽然是大势所趋，但一路走来并非一帆风顺，相信融合教育实验班遇到的问题，在当下开展融合教育的学校也会遇到，从而能给予教师和家长有效的参考；这些访谈和看法也使得书中的内容不是冷冰冰地呈现出来，而是能让读者感同身受，和书中的教师共同为融合教育中出现的困难和问题感到忧心，为学生的进步欢欣鼓舞。相信读者会与融合教育实验班教师一道，为融合教育的光明未来携手同行。

向吴淑美教授致敬！为她致力特殊教育三十年致敬！为她二十七年扎根融合教育一线致敬！

北京师范大学南奥实验学校校长郑铁军
2017 年 11 月

自　序

　　从1989年无心插柳开设了学前融合班、小学及初中融合班到2016年实验结束，我和融合班的孩子相处了27年，这个机缘不但成为我人生中一个重大的转折点，更让我有机会接触融合教育实践，得以撰写融合教育著作及拍摄融合教育纪录片。

　　通过长期和第一线教师接触，教师最大的疑虑是为何要把有障碍的学生和普通学生放在一起，且一个班有三分之一的学生是障碍学生。他们甚至以为是我个人的想法，不知融合是国外的趋势。融合班的教师虽经过征选，但直到看到融合班的学生，才知融合班是一个什么样的班级，有一名教师甚至以"上了贼船"来形容内心的不情愿。碰到这样的教师，也只能让他们从做中学了，尽量不要讲理论，直接从如何上课说起。我把自己当成学生坐在教室里，体会教师及学生的感觉，我把教师上课内容及学生反应都记录下来，再利用与教师开会的时间和教师讨论。这样的讨论就很实际，有一名教师说我把课程当成故事讲给他们听，他们也慢慢体会需要做哪些调整。

　　1994年，我开始办小学融合班，班上24名学生中有8名特殊学生，安排了两名教师及一名助理教师。刚开始任何课都是平分两组上课，每组12名学生（8名普通学生，4名特殊学生），由于每组有4名特殊学生，教师觉得无法照顾特殊学生需求，于是教师们建议将学生分成三组，16名普通学生一组，8名特殊学生再分成两组（每组4名特殊学生），三名教师每人带一组。结果进行了一天，学生哭了，他们喜欢以前分两组、每组有特殊学生的做法，教师也觉得分成三组等同将学生分成两个班，愿意回到之前的分组。为了让学生能融合在一起，座位调整成几个一组，上课方式也要调整，如音乐课讲打击乐器，每个人选择不同的乐器，总之课程要考虑每个人的需要。有一年教师节，记者到教室采访，发现融合班一堂课要用很多教具，不只教具，很多课程都要上得很活泼。例如，数学课上到速度时让学生跑操场算出每个人的速度，特殊学生只需跑步及知道谁跑得比较快就好，也就是特殊学生的目标比较简单，每堂课都会为特殊学生设计适合其程度的目标，一堂课有不同程度的目标，因此称这个策略为多层次教学及重叠目标。对特殊学生而言，数学课的目标可以是社会性、操作性而不是数学学科的目标，每个人都是依据自己的起点来前进，作业及考试也是因材施教，这个观点就需要家长认同。

融合班进行多年，普通学生来源仍然不缺，主要是家长觉得教学活泼，还可让孩子学会助人等品德。有一年高中联考发榜，我接到以前融合班家长电话，说小学融合班一个班16名普通学生中，有一半以上考取第一志愿，证明融合班不会影响普通学生的学业，事实上国外文献早就得到融合教育对普通学生有益的结论。

我深信融合教育是个好的教育方式，所以1989年开始学前融合实验后五年设立小学融合班。由于小学并没有融合班这个名词，所以一直用特教实验班名义，场地必须租用，教师也多是代课教师，我主要在大学教书，只能利用闲暇来照顾融合班，我把融合班当作一个难得的学习机会，之后又用基金会名义办了初中融合班。1997年我要到一块地，2004年我用这块地盖了融合校区，让学前及小学融合班有一个自己的场地，这个融合教育校区行政归属新竹教育大学附属小学，2016年新竹教育大学附属小学融合班成为历史，台湾以特殊学生可以进入普通班，不需再进行融合实验为由，终止了融合教育实验。美国帕特里克·奥赫恩融合小学（The Patrick O'Hearn Elementary School）成立于1989年，和我带领的融合班一样，其中三分之一学生为身心障碍，2009年改为威廉·W.亨德森融合小学（The William W Henderson Inclusion Elementary School），至今仍存在，提供学前到高中阶段的融合教育。

融合校区的学前及小学融合班，及基金会的初中融合班（借用融合校区场地）虽已停办，多年来研发的课程与教学仍然可用。这次在华夏出版社出版的融合教育套书共两本：《融合教育理论与实践》与《融合教育教材教法》。这套书繁体字版2016年已在台湾出版，是极少数的融合教育书籍，此书根据普通班中有特殊学生融合的教学现场而写，作者主持小学及初中融合实验班多年，实际带领教师教学，书中提及的课程是针对小学及初中融合班中的普通学生及特殊学生而设计，教学设计以普通学生为参考坐标，在普通班的架构中加入特殊学生的需求。书中提及的课程及教学策略都经过验证，在融合实验班使用多年，证明其可行才列入书中，书中提供很多的实例、表格、问卷及教案，都是作者根据融合班中普通学生与特殊学生的教学需要而设计，而且有第一线教师的访谈，内容非常完整。特殊学生进入普通班就读非常普遍，这套书可应用在中小学各种领域，作为中小学普通班教师教学手册，更是一本教学参考书，也可作为大学教育学专业教材用书。期望在中小学融合教育这个领域帮助读者如何在融合教育的情境教学，让在普通班随班就读的特殊学生及普通学生达到学业及社会性融合。

吴淑美

2018年2月

前 言

  《融合教育教材教法》一书，不只是一本教科书，也是一本实施融合教育的必备参考书，它提供了融合班的理念及教学策略，让教师知道如何执行融合班教学，按部就班地说明教师如何在有普通学生及特殊学生一起学习的融合式班级中执行教学，因此它是一本实用的书，而不是只有理论的教科书。

  本书中提及的教学方式不只针对融合班的普通学生及特殊学生，也可适用于一般的普通班级。

  本书共分十三章，详细地介绍了如何建立一个融合班并介绍了独立学习策略、多层次教学、主题教学、全语文教学、合作学习、角落教学、活动教学、各学科教学调整、学习单调整和作业调整。书中附有很多的上课实例、各类型教案与检核表供参考，内容非常完整，可应用在中小学各种领域，作为普通班及特殊班的教学手册。

目 录

第一章　融合班介绍 ··· 1
- 第一节　理论架构 ··· 2
- 第二节　实验重点 ··· 4
- 第三节　融合班的特色 ··· 8
- 第四节　融合班参观者的看法 ·· 9
- 第五节　三分之一融合教育实验的建议 ··· 20
- 第六节　教师访谈 ·· 21

第二章　教导独立学习的策略 ·· 25
- 第一节　做笔记 ··· 25
- 第二节　增进课文理解的策略 ··· 26
- 第三节　曼陀罗 Memo 思考法（九宫格） ····································· 27
- 第四节　学习日志 ·· 28
- 第五节　自主学习计划表 ·· 29
- 第六节　概念图 ··· 31
- 第七节　制作学习指引 ··· 32
- 第八节　人事地策略 ·· 33
- 第九节　阅读前准备策略 ·· 33
- 第十节　图示法 ··· 34
- 第十一节　提供学生反馈 ·· 35

第三章　多层次教学 ··· 37
- 第一节　何谓多层次教学 ·· 37

第二节　制定多层次教学目标 ··· 39

　　第三节　使用多层次目标调整课程 ································· 42

　　第四节　多层次教学教案 ··· 44

　　第五节　教师访谈 ··· 46

第四章　主题教学 ·· 49

　　第一节　制定主题 ··· 50

　　第二节　主题网络图的建构 ··· 50

　　第三节　主题教学活动 ·· 53

　　第四节　主题教学计划：各科教学整合在同一个主题 ···· 54

　　第五节　多元智能多层次教学 ····································· 59

　　第六节　主题教学的评估 ··· 63

　　第七节　主题报告 ··· 64

第五章　全语文教学 ·· 69

　　第一节　全语文的原则 ·· 69

　　第二节　全语文教学的步骤 ··· 72

　　第三节　阅读理解 ··· 72

　　第四节　教师访谈 ··· 74

第六章　合作学习在融合班的应用 ······································ 75

　　第一节　合作学习的要素 ··· 75

　　第二节　合作学习与竞争、个别学习的比较 ················ 76

　　第三节　合作学习实施策略 ··· 77

　　第四节　如何组成合作小组 ··· 91

　　第五节　合作学习的评估 ··· 93

　　第六节　合作学习课程范例 ··· 94

　　第七节　教师访谈 ··· 98

第七章　角落教学 ……101

- 第一节　角落的设置 ……101
- 第二节　角落设立须知 ……102
- 第三节　实施自我管理系统 ……104
- 第四节　角落计划 ……105
- 第五节　角落课程范例——语文角 ……107
- 第六节　教师访谈 ……109

第八章　活动教学 ……111

- 第一节　活动本位教学的定义 ……111
- 第二节　统合式活动设计 ……112
- 第三节　将特殊学生目标融入活动流程 ……117
- 第四节　教师访谈 ……124

第九章　语文教学调整 ……127

- 第一节　阅读 ……127
- 第二节　书写与写作 ……132
- 第三节　语文教学重点及特色 ……133
- 第四节　语文课程调整 ……138
- 第五节　教师访谈 ……140

第十章　数学教学调整 ……147

- 第一节　数学的要素 ……147
- 第二节　特殊学生如何学数学 ……148
- 第三节　数学调整范例 ……152
- 第四节　数学调整教学教案 ……155
- 第五节　教师访谈 ……156

第十一章　社会及自然教学调整 ··· 159
第一节　社会课重点 ··· 159
第二节　社会课教学调整策略 ··· 167
第三节　社会课单元课程调整计划 ····································· 170
第四节　在普通班执行社会课个别化教育计划 ··························· 171
第五节　自然课教学调整 ··· 172
第六节　社会课教师访谈 ··· 180
第七节　自然课教师访谈 ··· 181

第十二章　学习单调整 ··· 183
第一节　学习单的类型 ··· 183
第二节　编制学习单常用的策略 ······································· 183
第三节　教师访谈 ··· 191

第十三章　作业调整 ··· 193
第一节　作业安排 ··· 193
第二节　特殊学生的作业 ··· 194
第三节　作业调整 ··· 198
第四节　教师访谈 ··· 199

参考文献 ··· 205
作者简介 ··· 207

第一章 融合班介绍

参考美国将不同类别的特殊学生融合到同一班以集中特殊教育资源的做法，吴淑美于1989年设立了新竹师范学院附属小学学前融合班[①]，1994年设立小学融合班。学前融合班共三个混龄班，每班有三分之一特殊幼儿，每班安排两名学前特殊教育教师，共享一名助理教师，历经三个阶段："学前听障语障幼儿与普通幼儿混合之实验研究计划"（1989~1992年）、正式成班（1992~2011年）、实验计划（2011~2014年）。2010年随着班级人数降低，每班特殊学生及普通学生人数有所调整。

小学融合班成立当时，特殊学生人数需满足自给自足式特教班人数的下限（8名），因此小学融合班每班招收8名特殊学生及16名普通学生，每班有三分之一特殊学生，每个年级一班，每班安排两名特殊教育教师及一名助理教师，历经特教实验班（1994~1997年）、正式成班（1997~2011年）及实验计划（2011~2014年）三个阶段。

学前融合班和小学融合班概况如表1-1所示。

表1-1 竹大附小融合班班级概况

班别	教师人数	助理教师	普通学生人数	特殊学生人数	班级数
4~5岁组（全日班）	2	1（三班共享）	12	6	3
一年级	2	1	15	7	1
二年级	2	1	15	7	1
三年级	2	1	15	7	1
四年级	2	1	15	7	1
五年级	2	1	15	7	1
六年级	2	1	15	7	1

[①] 新竹师范学院于2005年改制为新竹教育大学，故新竹师范学院附属小学改为新竹教育大学附属小学，简称竹大附小，文中统一称为竹大附小。

小学融合班自 1994 年起分别在新竹北门小学、苗栗竹兴小学及新竹香山运动场上课，学生分在两地上课，融合班教师为了教学而两地往返奔波。1997 年"退辅会"①捐赠土地用于兴建融合班校舍，"教育部"为符合教改方案第八项"加强身心障碍学生融合教育""配合'中央'兴建之重大设施"兴建融合班校舍（融合教育校区）。2004 年学前及小学融合班搬进融合校区。

第一节　理论架构

小学融合班参考全学校（whole schooling）②的八项指标：民主、多层次教学、支持学习、多元评估、多功能空间、伙伴关系、包含所有的人、社区参与，以建构一个支持所有学生适性学习及成为民主公民的融合环境（图 1–1）。通过融合教育所提供的课程、教学策略、支持、教学和调整来改变学校结构以及参与融合教育的教师和学生的看法，并希望改变学校环境，增进普通学生及特殊学生的学习。全学校认为成功的融合教育来自于高质量的多层次教学，当学校以融合教育作为中心时就可增进所有学生的教育，学校及教师都会支持融合教育，然而在实施融合的过程中一定会出现抗拒及冲突。以下是小学融合班教师执行八个指标的情况。

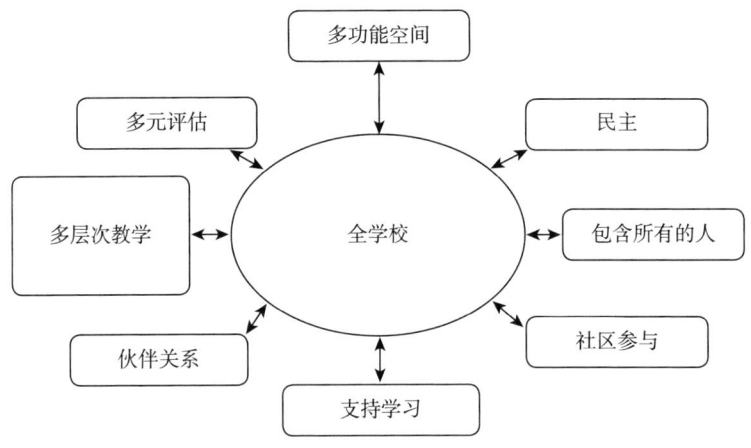

图 1–1　全学校八个指标

---

① 台湾专门处理退伍军人五大事项（就业、上学、就医、养老与服务照顾等）的机关。
② 全学校是一种认为学校应让所有孩子在融合班成长的取向，认为好的学校是经得起研究验证并支持全人的发展。

◎民主
- 班级事务的表决方式由学生自行讨论决定。
- 教导学生表决的思考过程及重点。
- 对于班级事务,全体学生均有参与及表决权。
- 视情况给学生部分权力,如班级干部在教师不在时有权决定班级事务。
- 提供选择的机会,引导学生做恰当的决定。
- 以尊重为前提进行表达与开展行动,并在平日教导学生尊重的方式。

◎包含所有的人
- 每个人皆有表达和参与权,不因特殊需求而不同。
- 身体力行对学校及生活周围每一个人表达感谢与问候,如工友、警卫、清洁阿姨等。

◎社区参与
- 配合课程介绍地方及社区组织,进而学习并应用。
- 绘制社区(居住环境)地图,带到学校和同学讨论分享。
- 学会看平面图,并试着分享到达某地的经验。
- 依主题进行校外教学,结合所学,身体力行。
- 介绍慈善机构(如"麦当劳叔叔之家""台湾创世基金会"),并在班上放置发票箱,定期搜集捐赠的票据。

◎支持学习
- 班上以异质性分组进行教学。
- 教师设计适性课程进行学习。
- 强调每个学生的需求不同,但不强调特殊学生与普通学生的区别。
- 改进制度,除个人积分外,另加小组加分。

◎伙伴关系
- 设计活动,让班上每个学生都能达到最大参与度。
- 和同领域教师成为伙伴关系,共同讨论、设计整体课程。
- 和成为伙伴关系的教师建立默契,奖励及规则一致。
- 和家长成为教学上及学生的伙伴。
- 和学校建立伙伴关系,随时保持渠道畅通,以便学校提供行政支持。

◎ 多元评估

- 先进行诊断评估，评估学生的基础水平和能力。
- 运用诊断设计和课程调整。
- 运用课堂操作评估。
- 观察评估、口头评估。
- 同伴互评反馈。
- 运用小组活动方式评估。
- 运用学习单书面测验评估。

◎ 多功能空间

- 教室内设有读书角、游戏角、计算机角等，每个班级的空间根据各自的课程做出调整。
- 多功能空间要保持最大效率的运用，避免功能单一。

第二节 实验重点

竹大附小融合班中普通学生占了一半以上，因此不是特殊班，只是特殊学生人数比一般普通班的特殊学生人数要多。这样的班级，学生之间程度差异大，要做到适性教育极其不易，唯有善于运用融合教育理论及技能才能达到适性教育的要求，其实验重点如下：

一、辅导目标

◎ 特殊学生的辅导目标

- 参与课堂活动。
- 能和同学及教师建立良好关系。
- 发展自信心及信任他人的情意目标。
- 适应学校环境。
- 和自己比较能有进步。

◎ 普通学生的辅导目标

除了达到小学教育应达成的目标外，更希望在这样一个融合教育的环境中，能培养普通学生正确的社交观念及同理心，不会有歧视特殊学生的心理，同时也希望他们能和特殊学生共同从事一些活动，互相合作。

二、实施方式

◎特殊学生

采用融合教育的安置方式，尽可能让普通学生及特殊学生在同一班级学习，并实施同伴教学、社会技能训练。特殊学生课程由班上两名教师负责、一名助理教师协助，并视特殊学生需要安排个别辅导，可以在原来班级进行教学，也可抽离（pull-out）到其他教室接受辅导。教学除团体教学外，安排小组教学、个别教学，教学方式参考国外融合班课程的模式，以达到因材施教的目的。

◎普通学生

普通学生的课程同样由同班的两名教师及一名助理教师负责，课程内容和其他学校普通学生相同，视需要安排与特殊学生同组上课，不因班上有特殊学生而影响其学习。

三、学习类型

学习类型可以分为下列几种：

·个别化教学：根据特殊学生的需要，安排语言、认知、生活、感觉统合等训练。特殊训练课程除了个别安排时间外，尽量融合在日常生活之中，并根据特殊学生的需要安排主要课程及辅导课程，随时调整课程内容，改进教学方法。例如，语文训练课程尽量安排在语文教学活动之中。

·小组教学：采用异质性及同质性团体分组，分成两组。

·团体教学：有些科目全班一起上。

·角落教学（learning center）：包括语文、数学、自然等角落，让学生计划如何在角落工作、学习及评价，以培养独立思考、共同合作的能力。配合角落教学，教室内布告栏上设置"自我计划栏"，用来记录学生选择角落的情况。在自我计划栏上有一个时钟，教师会拨上学习角落开放的时间。每个学习区在自我计划栏上会有一个固定的位置，而且下面都放了一些格子，让学生把自己的名牌插入属于这个学习区的格子内。每个学习区格子的数目可视课程难度而定，假如某个学习区的格子已满，学生就必须另做选择。在完成学习区的活动并且经过教师签名后，学生可以转到其他的学习区。由此可见，学习区的设置可以让学生养成自我决定及对材料负责的习惯。

四、教学原则

一般而言，教学多采用小组方式进行，利用多层次教学的原则，以活动的方式呈现并辅以图片教具。有些单元可以合并到一起上，特殊学生可以合组和普通学生一起上课，亦可针对特殊学生不会的部分给予补救教学。教学原则为尽量提供操作机会，配合教具教材，使教学生动活泼。教学原则如下：

· 融合班每班 24 名学生中有 8 名需要接受特殊教育服务的学生，其他 16 名为普通学生，教学需兼顾普通学生及特殊学生的需要。

· 教学科目以小学普通班科目为架构，再将特殊学生学习内容融入普通学生学习内容中。

· 特殊学生学习内容以生活化、实用化为主，并参考"教育部"颁布的特教新课纲。

· 各科教学尽量与其他科目做联络教学，并制订整学期教学联络计划。

· 上课时教师要设法让特殊学生也能参与教学，采用多层次教学，同时给予不同难度的目标。例如，教授因数与倍数时，要求特殊学生指认奇数及偶数，普通学生按照普通教育既定目标进行。

· 在作业要求上，应先要求学生做好课本上的习题，如课堂上未做好，可要求学生在下午作业指导时间做好，如仍未做好，可要求其带回家做。指定作业一定要批改订正，如学生指定作业已做好，则利用其他时间做补充作业。有些作业可当成亲子作业给学生带回家由家长批阅。

· 教师教学前要做好准备，熟悉教具、教材。分组上课前必须先经过协调，取得共识，否则教学会产生分歧。

· 让家长参与特殊学生的学习，并与其互动，这一点非常重要。

五、对融合班学生的期待

· 学会与不同程度及能力的人相处。

· 能尊重个别差异。

· 了解平等的意义。

· 学会合作。

· 学会主动参与、自我决定、管理自己以及为自己负责。

· 能具有搜集资料及归纳分析的能力。

· 能具有沟通及表达的能力。

· 能将学业技能运用在生活上。

- 能主动学习。
- 普通学生及特殊学生和平相处并建立友谊。
- 注重健康及安全。
- 肯定自我及具有自尊心。
- 具备做选择的能力。
- 能自我控制及自我管理。
- 能在活动中融合和参与。

六、融合班与其他班级的比较

◎融合班学习障碍学生和资源班学习障碍学生的比较

- 融合班未给学习障碍学生提供抽离服务,资源班有。
- 融合班学习障碍学生有个别化教育计划(IEP),资源班也有。
- 融合班学习障碍学生个别化教育计划目标各科都有,并且在教室中执行;资源班学习障碍学生个别化教育计划目标只限主要学科,无法在教室中执行。

◎融合班智力障碍学生和启智班特殊学生的比较

- 融合班智力障碍学生有普通同伴作为学习的榜样,启智班没有。
- 融合班智力障碍学生有个别化教育计划,启智班也有。
- 融合班智力障碍学生个别化教育计划涵盖了跨情境(生活教育)、作息及课程目标(各科都有),且在教室中执行;启智班智力障碍学生的个别化教育计划以功能性学科及生活教育为主。
- 融合班智力障碍学生既和普通学生一起上课,也分成小组进行教学;启智班多是以特殊学生为主进行教学。

◎融合班和其他普通班级的比较

融合班能提供:

- 各种教学类型的教学:包括团体(全班)、小组、个别、户外教学等。
- 同伴教学:提供当小老师的机会,座位安排采用互动式并安排游戏团体及社会互动训练。
- 活动教学:将教学内容用深入浅出的方式自然地传递给学生,通过活动安排让枯燥的课程生动化、活泼化,达到不同领域的目标。特殊学生学习目标自然融入教学活动中,在教学活动的安排上依学生的能力、兴趣,循序渐进地引导学生探索学习，使学生能得到适性的发展，并培养将来适应社会、参与社会及服务社会的能力。教学以分科为主，但需考虑跨领域及科目，例如，上自然课"果冻"单元时带入"数"及"买卖"；上健康教育课时通过角色扮演活动了解情绪管理；语文课通过大家开讲及课文接力活动来了解课文涵义；政治课通过选择、民意调查等活动了解民主与法治的概念。

・角落的设置：小学教室里有各种学习区（角落），每个年级安排角落课让学生在角落操作，增进学习的效果及进行课堂延伸。角落包括阅读角、语文角、数学角、科学角、个别辅导角、人文社会角等，完全根据学生的需要而布置，并安排和设计学生互动的机会。

・合作学习：制造合作机会让普通学生及特殊学生共同完成一个作业或工作，根据每个人的长处分配工作，让每个人都有贡献。例如，合作完成主题海报及报告，培养学生合作与统整、归纳与分析资料的能力。

・广泛运用各种资源，进行完整的学习：除了教室中的学习，亦重视自然情境中的学习及生活教育。设计课程时考虑学生的个别差异，针对特殊学生调整教学策略、教学环境及上课的材料，视需要给予和普通学生不同的教材或教具，扬弃"统一教材、统一进度"的教学，允许学生有不同的学习目标。

・基本学业智能：应对未来升学的挑战。

・情绪智商的成长：发展亲社会行为，如助人、替别人着想、合作、友善、慷慨等，这些是成长过程难得的经验。

・主题教学：将各科融合在一个主题之下，打破科目的界限，让学习更加完整且有效率。

第三节 融合班的特色

融合教育的理念承袭回归主流的基本理论，让特殊学生不再在隔离的特殊环境中学习，而是回归到普通班和普通学生一起学习。因为班级同时有普通学生及特殊学生，教师必须活用教材教法来应对不同特质学生的学习，因此融合班的教室有和普通小学教室不同的设置。例如，学生不是排排坐面对着黑板看着教师，而是分成小组上课，除了电子白板[①]还有很多辅助教具；针对学生不同的特质设定不同的学习目标，采用合作学习、合作小组及同伴间学习的教学策略，达到学生完全参与及

---

① 电子白板通过连接计算机和投影仪，教师们可以将课程内容显示在电子白板上进行互动教学，还可以使用触控笔或手指对各种应用程序进行操控或书写，每一名学生都可以亲自上台操作进行交互式学习。

主动学习的目的,最终的目的是让特殊学生包含在教育、物理环境及社会生活的主流内。在融合班,分数不是唯一的指标,而是适材适性地快乐学习,教师了解学生的特质,给予学生适当的帮助及鼓励。当学生间的差距成为常态,融合就达成了。从上述融合班的描述中,可归纳出其特色为:

*强调尊重差异及接纳差异。了解每个人的差异并尊重个别差异,接纳彼此的优缺点。每个人都是有贡献的;在学习上和自己比,依自己的起点往前冲,互不干扰;融合式班级必须做到班上所有的同学及教师融为一体,班级气氛以合作取代竞争,不分特殊学生及普通学生。

*融合式班级给予学生充分的信赖及自我管理的机会。学生可自定班级规则及作业,教师则给予学生判断及分辨规则适当与否的机会;当学生模仿错误行为时,教师应给予分辨及改正的训练。

*将教室的管理及纪律融入教学设计中。将教具分门别类按学习区放置,让学生学会收拾整理,培养学生的秩序感;让学生自由选择学习角落,以培养独立自主、稳定性、自我决定和积极的个性。

*尊重学生学习的意愿。让学生能主动学习及有表达思考的机会,并给学生犯错的机会和成长的时间与空间,不强迫学生学习。教师在教学过程中扮演着协助及引导的角色,了解学生的个别需要,随时因学生的需要调整自己的教法。主动学习是指不是被动或是在强迫的情境下学习,教师可通过下列方式提供主动学习:

· 提供材料让学生通过感官主动探索各种材料的功能及特性。
· 经过直接经验了解物体的关系或帮助学生发现关系。
· 提供材料操作、转换、组合及延伸的机会。
· 教师提供固定的作息、空间及材料,让学生从材料选择中了解自己的兴趣及目的。
· 使用器材设备以增进技能。
· 让学生自己学习,照顾自己的需要。
· 预测可能出现的问题及解决问题。
· 使用大肌肉。

第四节　融合班参观者的看法

在竹大附小融合教育班,普通学生与特殊学生以 2∶1 的比例融合。为探讨其成效是否和国外的融合式班级获得相同的结果,笔者邀请实地参观过竹大附小融合班相关人员于观摩教学后提出建议,意见整理如下:

一、小学融合班设班两年后的意见

小学融合班于1996年6月12日成班两年时,邀请专家学者、特殊班教师、行政人员、特教机构负责人及家长共10人实地参访小学融合班,针对理念、多层次教学技能、异质性团体分组、普通学生和特殊学生的比例(目前采用2∶1)、特殊学生的类别和程度及融合班的教育效果提出看法,结果如下:

◎ **理念**

- 为追求特殊教育的社区化、小型学校化,势必值得推广这种异质性团体的教学。
- 理念正确。
- 让普通学生从小学习包容与关怀,让特殊学生有人性化的学习环境,这值得肯定。
- 完全融合的理念,使普通学生与特殊学生能互相了解彼此的差异,尊重与接纳彼此,对特殊学生是一种较人性化的安排。对这两类学生在社会情意的发展上有更大的帮助及意义。
- 理念极具实验性,普遍具有国外实际做法的内涵。只是从行政角度考虑,将来若需推广,获得学生家长的意愿及支持,有待宣传及努力。
- 将特殊学生融入普通班级中,增进其社会适应能力,并教导普通学生接纳特殊学生,此理念相当正确,并值得推广。
- 认同与肯定,也为这群学生感到高兴,愿能惠及更多的学生。
- 是一个全方位的实验,对特殊学生而言融合班是一个社区本位的学校。
- 符合正常化、人性化的做法。
- 融合式的特教实验班是值得尝试的一种教学措施,如何让理想落实却是很大的挑战。本实验方案的若干理念是否适合运用,应待观察分析后,进行整理及选择,才能达到预期效果。

◎ **多层次教学技能**

- 同一时间,不同学生做不同的事情,安排上不容易,但却是真正的因材施教,教师的精神与能力均值得钦佩。
- 同一时间,同一空间,允许不同的活动,潜能才能得以开发,学习才能多样化、兴趣化。
- 符合个别差异要求。
- 整体(integrated)教学。
- 不同资质的学生各取所需,各展其长。

- 对于教师的选择及训练、教具的准备需充足。教师们的投入、爱心及鼓励，以及师资的充足，能照顾到每名学生的需要，是决定多层次教学成功的重要因素。
- 提供合适的课程给特殊学生，让特殊学生有完整且具有计划性的学习内容，使其能和普通学生分享成果。
- 多层次教学对教师有极大的挑战，因此教师必须在职研习并要有较多的资源。本研究有新竹师范学院特殊教育系教授参与指导，较易实施。
- 新竹师范学院教师可能较易实施，但普通小学教师的教学技能尚不能如此丰富，需专业的培训。
- 由于需考虑各类学生的学习需要，教师需特别设计课程，并随时改变教学进度，需要极成熟的教学技能。
- 吴淑美教授主持的竹师附小融合式班级在美国称为"示范班级"。在教室里，我看到了教材如何依据特殊学生的需要而进行改编，我也看到了学生间互相帮忙及受过良好训练的教师如何按部就班地执行教学。这样的班级在台湾应该推广，我知道融合并不容易，然而吴教授主持的实验班已能做到成功的融合，我们做父母的对这样的结果也感到满意。
- 勇于接受挑战、接纳与学习，值得我们为一群热心的教师鼓掌喝彩。实践的积累可充实教学技能，而多层次的教学丰富学生的学习领域。
- 课程的设计符合个别差异。
- 教师需具备创造力与灵活性。

◎异质性团体分组

- 符合合作教学精神与真实社会的情境，必须教学生合作的技能，教师的教学能力很重要，免得发生劳逸不均的情况。
- 社会本来就是异质的，过去的筛选使有特殊教育需要的学生被摒弃，如今能有改变，是一大革新。
- 方向正确，但对教学是一种考验。
- 因材施教，让普通学生、特殊学生各取所需。
- 初期特殊学生若有干扰课堂的情况出现，是否商讨请家长协助。
- 课程调整能充分配合学生的个别学习，教师教学前准备充分，学生才能吸收。
- 教学活动的设计，除了采用异质性分组外，亦可采用同质性分组的方式（特别是语文和数学两科）。
- 课程上需做适当的配合，在普通学校实施恐有困难（尤其是非资优生，可能有很多中、低资质学生天性及友爱度、互助度差得很远）。

- 符合各类学生的学习需求，值得肯定。
- 在推广上应不成问题。
- 艺能科①中，使用此类策略可以进行融合教学。随着知识性学科加深加广，同质性分组也需注意。
- 学科学习亦可采取同质性分组，减少特殊学生与普通学生之间的阻碍。
- 真正符合正常学习团体的需要。
- 异质性团体分组教学是很有意义的教学方式，但是否所有的教学都实行异质性团体分组，有必要从实验中加以观察分析，全盘检查与规划。

◎普通学生与特殊学生的比例（目前采用 2∶1）

- 普通学生所占比例应再提高，至少应为 5∶1 才能推广，否则教师太累了（普通班级实际情况不大可能有那么高比例的特殊学生，也不大可能获得足够的支持）。
- 比例要求达到最佳的平衡点，若比例高，10∶1 当然比 2∶1 容易；若太低，教师是否敢担任？
- 如要在小学推广，应考虑弹性比例，根据学生程度进行调整。
- 比例有些过重，会影响教学质量。
- 比例 2∶1，看来教师要照顾特殊学生好像要付出相当大的心血及心力。希望师资、人员能有充足的编制，才能有全面性的照顾。
- 普通学生与特殊学生的比例以 4∶1 或 3∶1 较适宜。
- 比例较为适当，如果 5∶1 或较少比例也许可以减轻教师的负担。
- 特殊学生比例稍高，增加教学上的困难。
- 采用异质性的学习团体，区分特殊学生的程度，若能采用 3∶1 比例会减轻指导教师的负担，学生也能获得更多的关注与学习。
- 一个班级中顶多 2 名特殊学生。
- 应该是可行的。
- 建议经过实验评估后，以专业立场与家长协商，重新加以考虑。

◎特殊学生的类别及程度

- 循序渐进，第一类（轻度）融合较易推广，如教学良好再提高至第二类（中度、重度）。障碍类别不是很重要，但若学生有严重的攻击行为，好像不宜融合。
- 应该如此安排，不应考虑类别，需注意程度差异。
- 特殊学生依轻、中、重度分类、分配教学。

---

① 艺能科：指的是美术、音乐及戏剧。

· 极严重或具有干扰行为的学生，在班上对普通学生的负面影响也应考虑。如孤独症学生是否应有一名义工伴读。

· 类别尚可。程度方面，有些特殊学生在教学中好像无意识地打扰教师，教师的耐心和关心非常重要。

· 各类学生均收，不计其程度。如果学生障碍轻，教师尚可应对，倘若其中有两名以上极重度学生，则会影响教师控制班级及教学成效。

· 特殊学生一样有求知及学习的机会，因此不需考虑这个问题。

· 希望有更多的多重障碍学生参与班级。

· 真正反映实际情况。

· 建议经过实验评估后，以专业立场与家长协商，重新加以考虑。

针对以上意见的说明：

1. 融合班设班时"教育部"规定每班有8名特殊学生，每班普通学生人数则未限制，因考虑班级人数不超过30名，故每班16名普通学生。考虑到每班同时有普通学生及特殊学生就读的事实，给予每班2名教师及1名助理教师的编制。

2. 融合班的教学分组除异质性分组外，也有同质性能力分组。

◎ **融合班的效益**

竹师附小融合班是台湾唯一采取完全融合模式的特殊班级，其达到的效益可分为课程模式本身及家长方面。

课程模式本身

· 解决特殊学生安置的问题。

· 相较于普通小学，其设备及使用的资源完全按照特殊班标准，却能同时服务于普通学生及特殊学生，可谓有很高的投资回报率，值得继续支持与投资。

· 课程能符合不同程度学生（资优、普通、低成就及各类身心障碍）的需要。

· 特殊学生除了能在自给自足式的特殊班学习，亦可在融合式的环境中学习。

· 普通学生也能在这样一个有三分之一特殊学生的班级中学习。

· 做到充分回归主流、充分个别化，未来应以此模式进行推广。

· 提供教育改革的一个解决模式。

· 混合不同障碍类别，落实特殊教育社区化。

· 实际经验的累积可充实教学技能。

· 融合教育的理念强调有意义的融合与弹性的课程设计，兼顾特殊学生与普通学生，是双赢模式，其理念及实施方式亟需推广。

・多层次教学是一种有难度的教育技术，指的是同一时间、空间允许不同的活动，如此潜能才能开发，学习才能多样化、兴趣化，并能丰富学生的学习领域。通过实地观察发现，多层次教学确实能做到因材施教，不只需要推行至特殊班，也需要推广至普通班。

・异质性分组符合合作学习的精神，是一大革新，也符合融合教育的精神。

・普通学生与特殊学生以 2∶1 的比例混合是非常不易的，证实台湾有能力从事融合式教学。

・实验结果令人鼓舞，有启示性及推广性。

家长方面

从问卷调查中获知融合班学生家长的成长，包含下列几项：

・认识什么是特殊学生。

・学习接纳特殊学生。

・视这样的班级为常态，优点多于缺点。

・学着去接纳不同背景的家长。

二、小学融合班设班二十年后的意见

利用 2014 年 4 月 29 日学前融合班成立二十五年、小学融合班成立二十年融合教育教学观摩研讨会的契机，通过专题讲座、教师分享、纪录片观赏及实地观摩学前、小学及初中融合班教学的方式，邀请参与研讨会的人员填写对融合班看法的问卷，参与者包括专家学者、特殊班教师、普通班教师及行政人员等，问卷结果如下：

◎ 理念与教学

・给学生提供融合的理念和环境，不管是普通学生还是特殊学生，都应该有互相需要、互相学习的重点。

・多层次教学、多元教学评估（鼓励学生，学生主动性高），有系统、有温度地合作与运作。

・理念：多元活动——全面参与性。

多元环境——完全接纳性。

多元教学——自然调整性。

教学：多层次教学、多层次作业、多层次评估。

・强调全面的参与、完全的接纳、自然的调整。

・这里的教师感觉对融合的理念理解得非常好，信念似乎也非常坚定。在教学调整方面的实施是较为困难的，但这里的教师却能运用自如又恰如其分，值得敬佩。

- 教学上的调整：教学目标、活动、作答方式、指导方法。

  理念：每名学生都是班上的一分子，不是班上的客人。

- 个别化及多层次的作业类型，给学生以最能接受的学习方式，营造一个充满爱的环境。

- 多层次教学的运用。

- 接纳多元差异的气氛；吴教授从学前到社会阶段的努力与坚持；教学不一定是华丽的多媒体，但一定有多元感官的参与；特殊 VS 正常。

- 不要把融合教育当成一种意识或宗教（形式），应把握其精神；在融合教育的实施过程也学到很多；真诚地对待。

- 多层次教学，营造共同学习的情境；主题教学，打破学科分界；尊重个别差异，适性教学；不放弃任何一名学生。将多层次融入学校生活中，实施因材施教，全校不分阶段以"多层次教学"贯穿全程。

- 看到学前调整教学、高瞻课程；小学异质性分组教学；初中艾里克森（E. Erikson）人格发展理论、多元智能理论（光谱计划）、维果斯基（Vygotsky）支架式学习、班杜拉（A. Bandura）社会学习理论（身教潜在课程）、合作教学、多元评估、异质性同班教学、多功能空间等理论的应用。

- 融合班里充满了和谐与互助的合作模式，是普通班教学现场较少见的，彼此能看到互相的优点更是难能可贵。教师的教学采取了互动与协同的方式，也很值得普通班教师借鉴。

- 反省自己，调整教学和看法。教师常常用自己的方式与看法教导特殊学生，不仅自己挫折多，也让学生有更多的挫折。

- 主题式教学融入作文、每日小语；中年级混龄分组教学；异质性分组教学，设计适合每一名学生。

- 人本：注重每个学生的发展。

  小组活动：异质性分组。

  多元智慧：多方鼓励才能发展。

  支架：教师部分协助，建构目标。

  多层次目标：依能力不同。

- 异己的接纳；同伴、教师间的互助；根据层次性的环境安排教学。

- 坚持带好每一个学生的理念，建设用心热情的教学团队，每名教师都在确实践行特殊教育理念。

- 看到每一个学生，给每一个学生表现及成功的机会，尊重个别差异和学生意愿；合作教学、分组教学、多层次教学；利用多媒体、互动、活动使教学更活泼；小班教学、协同教学；肯定每个学生的努力，避免批判；全人教育、自主学习。

- 融合教育的理念、多层次教学。
- 以学生为本位，热情、耐心、用心。
- 从教授的说明及环境参观过程，我看到一个不一样的学校，它在努力落实尊重每个人的个别差异。
- "他没有病，他只是和别人不太一样"，这是一位家长说的一句话。接纳每个孩子的个别差异，提供多元学习的场所，只是希望学生成为有用的人。
- 所有的学生都是特殊的，都需要爱与关怀。
- 融合教育是可行的，对所有学生是有益的，但是需要热忱才能持久。
- 理念：融合理念的目的在于教导学生学习一些基本的为人处事的态度，尊重个人差异、包容、合作互助、友爱。除此之外，培养能带走的能力，如计划、组织、分析等，这些是在现有的普通教育环境下也很难教会学生（普通学生、特殊学生）的。

教学：多层次教学、教学与行政的合作、分组合作学习、多感官教学，教师用心、家长热心。

- 主题活泼、自然，很吸引人；教师很专业、热情。
- 教师的专业及教学技术、课程调整非常重要。
- 能接受异质性的评估，会依据学生状况进行不同的调整。
- 教学相长。

◎**对融合班的感受**

- 尊重与接纳学生的差异，进行有技巧的教学，让学生能合作学习，教师营造了爱的环境，令人敬佩。
- 教师的班级管理能力相当重要，家长的支持也是融合班的动力。
- 教师与学生、家长之间的沟通很重要。
- 普教、特教不分家。
- 很温馨，像家庭般温暖，特殊学生在这里一定能获得妥善的照顾与学习，普通学生更能体会到包容与协助的重要性，是很棒的课题。
- 积极、友善、鼓励的勇气；建立学生的自信心，激发学生与教师的创意、潜力；有效利用学习空间，充分发挥境教[①]的作用。
- 对有特殊教育需要的学生帮助很多。

---

① 境教是指孩子生活、成长的环境和情景的教育，融合教育应提供一个很好的学习环境。

- 如同对生命的感动一般。
- "那温暖,使我想成为更好的人。"对于普通学生,他们直接与特殊学生相处,看见特殊学生的单纯,学习如何与不一样的人相处。
- 很温馨,提供给学生一个安全包容的学习环境,在普通学生的陪伴下,特殊学生社会行为的学习应有积极的效益。
- 融合班就像是桃花源。
- 是符合时代潮流、民主社会的表现。
- 很温馨,看到融合班实现的可能后很感动;在班级课程中看不出特殊学生的问题行为,大家都很乖,但也没有普通学校中绝对的安静与规矩;和资源班的教学模式有点像,只是资源班没有普通学生。
- 每名教师都用心在自己的岗位上努力照顾及教导学生,学生是幸福的。
- 爱、接纳、感动。
- 教学目标的制定不容易,合作很重要,"等"需要长期培养。
- 学生们都能互相尊重,包容不同的学习氛围;教室上课中没有个人独秀,而是同学们互助合作。
- 很感动,很用心,教师们都很辛苦,学生们都很快乐,值得回去试试看!
- 原以为会是更杂乱的场面,但却十分协调,教师们的努力值得赞赏,学生们的表现分不出特殊与普通,其实不能融入其中的我们才是特殊分子。
- 异质性的学生处在同一班,难能可贵地激发出同伴之间纯真的爱。
- 如同教师分享的,在班上看到学生真挚的表达,教师得到的鼓励和反馈常是支持教学的原动力,在这样的融合环境下,能唤醒最纯粹的真挚情感及感动;在融合班一同成长的喜悦,每个人在学习过程中都互相影响着,虽然迈出的步伐极小,但回首间也能看见自己已经走了那么远;每个人都有恻隐之心,视其成长环境判断是否有足够的机会去发现它。
- 用心的教师、幸福的学生,融合目前好像还是只能走小而美、精致的路线,才能看到理想中的融合。
- 异中求同,同中求异,展现个别化教育精神;尊重、接纳、充满爱与感动;调整教学,顺利展现能力。
- 融合班在如此温馨友善的校园里,给予学生丰富多元的学习资源,教师们用心设计课程内容、布置教学的相关角落,学生在这个学习空间彼此合作,学会包容、尊敬与互相理解。
- 很羡慕整个校园的气氛(普通学校望尘莫及);特殊学生的口语能力在多元的刺激下明显提升;全方位个别化教学的比例如何确定?

- 通过与不一样的同学相处，学生可以像教师一样做到尊重差异。
- 针对每个有特殊教育需求的学生，给予最适合的学习方式。
- 喜欢教师们分享同学们相处的真挚感受，普通学生们给予感动，特殊学生们给予悸动，不制止、不限制学生的行为，而是激发、开发学生的潜能，营造充满爱的环境。
- 一个充满爱的大家庭。
- 是一种挑战，要付出许多爱心、耐心，让特殊学生与普通学生在同一环境中融合，共同创造彼此能互相合作的有爱的楷模。
- 多元、多层次的教学方式，提供给学生比较适性的教学服务。
- 教师非常不容易，课程多元且学生异质性高，教师掌握好学习与课程的节奏是非常耗心力的；教室设计、空间非常有弹性、创意，让人一眼就爱上。
- 专业的陪伴、温柔的坚持。
- 管理融合班更需要协调小组、协同等各种模式，共同负责班上或小组间的事务。

◎融合教育的优缺点及建议

优点

- 带给学生更多不同的视野，待人、接物皆是如此。
- 让特殊学生有机会接触普通学生，学习环境与普通学生一样；也让特殊学生接触更多元的人群，发挥学生的潜能。
- 依特殊需求给予不同的治疗。
- 高度包容、接纳的环境，零拒绝的友善环境。
- 社会中每一份子都是共同体，从小学就在共同的环境中互相学习，应更能促进个体独立生活。
- 全校师生有一颗美丽的心，环境友善舒适，教师与学生关系平等。
- 教学多元，给孩子多样的学习内容，孩子发言踊跃积极。
- 在常态化环境降低标签作用；同伴学习、同伴模仿提高社交技能和能力，增加社会互动机会；普通学生、特殊学生皆能从中受益。
- 落实融合精神，学生之间主动的互助，让人看到融合之美。
- 同班同学不会以异样的眼光看这些小天使。
- 取长补短，尊重生命，彼此学习。
- 每位教师和同学都会成长。
- 让普通学生能够尊重有个体差异性的学生，接纳、包容、协助特殊学生；让特殊学生借融合教育提早进入小型的社会化生活，毕竟他们未来还是要进入多元的社会。
- 情绪领域、社会领域能深入探究和进行。
- 理想的社会心理接纳环境；人与人之间真诚的支持与互助；特殊学生与普通学生不分彼此，互相欣赏彼此的优点，接纳彼此的弱势。
- 善用资源与合作学习。
- 学会尊重、关怀、服务、包容等；减少特殊学生问题行为；增加成功经验和自信；揭下标签；小班教学，为每个人的需求提供服务；欣赏每个人；自主学习。
- 互相学习，互相成长。
- 理念性。
- 教师富于特教理念与专业性；能善于结合资源营造理想的教育环境；提供特殊学生一个合适的学习环境。
- 积极、友善、鼓励的勇气；建立学生的自信心，激发学生与教师的创意、潜力；学习空间有效利用，充分发挥"境教"的作用；"小市长"选举，体现民主精神；教学相长。
- 感受到学校的用心与付出，学生很自信大方，特殊学生与普通学生融合得自然，感觉很温馨。
- 办学非常用心。
- 跟普通学制比较，有更多的弹性和变化。

缺点

- 融合教育需要资源、支持到位与持续才能长久。
- 融合教育有限制条件，与普通体制的衔接仍需努力。
- 需多元化的教学专长，无法做到专业，教学效果受到限制，人力不足。
- 教师的负担量大，没有普通班常有的社团活动。
- 教师需花费更多心力，很辛苦。
- 空间较不足，可能较无时间学习升学的主科课程内容。
- 目前仅能小班制，仍有空间持续、扩大。
- 会担心普通学生的学习进度受到影响。
- 有冲突时如果处理不好，会引起更大的纷争。
- 每位教师都能有这样的理念才能落实，而不是少数教师而已。
- 融合教育需要再推广，因为还是有很多人不了解什么是融合教育。
- 需要改进教学，教师要有敏锐度，不能说是缺点，而是要注意的地方；让所有家长理解及认同有困难，尤其是普通学校。
- 此融合校区在师资上，特别是初中需要分科教学，不确定是否有供应不足的情况，需要思考（非融合的缺点）。

- 忙碌时有些校园危险角落要注意学生落单时的安全。
- 在分数至上的升学主义之下，普通学校推行融合教育很困难；考虑目前政府经济效益低下、经费缺乏，小班教学、协同教学可能难以推行；教师备课时间较长，进程较慢；若同组差异太大或有多动和注意力不集中、情绪障碍的学生，施行融合教育较难，易互相干扰学习秩序；在目前九年一贯制教学目标下，不同年级的学生要使用属于各自年级的课本，有办法跨年级融合吗？
- 教师设计单元的能力较欠缺。
- 实施依赖多方配合。
- 特殊学生比例过高，教师负担过重，特殊学生障碍程度落差大，教师无法真正照顾到个别差异，宜降低特殊学生人数。
- 目前的师生比是否符合经费有效运用的情况？是否需要较多经费？融合教育确实有显著的成效，但在现有教育（普通学校如资源班）的体制下要如何与普通教育教师合作、推行融合教育？

建议
- 希望能持续管理、推广融合班的运作模式至台湾其他的普通学校。
- 成果发表时，除了邀请特殊教育教师之外，应多邀请普通教育教师和家长，多宣传、多推广。
- 建议提高学前教师的比例；融合班的好处不只是精神、心理方面，学习能力的拓展应相对高于普通班的学生，建议推广融合教育时，可强调更多普通学生所习得的"带得走"的"竞争力"，使更多普通学生家长接纳融合教育模式。

第五节　三分之一融合教育实验的建议

三分之一融合教育实验（班上有三分之一特殊学生）不仅为特殊学生也为普通学生提供了一个选择。目前融合教育在台湾仍被放在特殊教育体系中来讨论，而不是如国外被视为普通教育改革的一环，显然还落后一大段距离。

现阶段实施融合教育，建议朝下列方向进行：

- 根据学校的资源决定融合班的师生比、普通学生与特殊学生的比例。小学阶段融合班普通学生与特殊学生人数采用2∶1的比例进行融合，这是难度极高的尝试。
- 当特殊学生进入普通班后，普通班的课程必须全盘改变。
- 教师必须愿意尝试课程的改编，以符合特殊学生及普通学生的需求。

- 异质性分组（每一组有普通学生及特殊学生）有助于普通学生及特殊学生间的互动及学习。
- 特殊学生被普通学生接纳需列为首要目标，课程目标次之。
- 课程的调整需以普通班课程为依据。例如，在选择课程时应和普通班课程单元相同，如此可降低普通学生和特殊学生间的差异，且较易沟通与分享。
- 融合教育成败的关键在于能否在一般性的活动中顾及特殊学生的需求，普通学生的学习是否会因特殊学生的存在而受影响。
- 如欲实施融合教育，可先从轻度障碍学生的融入开始。
- 完全设置一个新的班级，会比把特殊学生安置到普通班简单，因为每个人都是新的，不受过去经验的影响。
- 尽量依赖班级现有的资源。
- 先从现有的教室作息及环境开始调整，任何调整都必须由全体教师共同决定。
- 尽量通过教学来解决学生的问题。
- 融合班衍生的课程及教学技能值得推广。
- 采用多元的评估方式，如合作小组评估，固然会增加教师的负担，却能真正评估出学生的学习能力。
- 融合教育整合必须做到普通教育和特殊教育体系的合作、配合学生个别需要来设计活动、行政的支持、家长的支持。

第六节　教师访谈

问：融合班和普通班有何不同？

答：在其他学校，一个年级有5~10个班，每个年级都有统一的标准，每个班都要注意教学进度，且会有统一的测验。而融合班却充满弹性，因为一个年级只有一个班，所有课程的单元及进度都可以由教师自己决定，所以课程跟普通班的差别较大，教师在课程上的掌控力比普通班教师更强。另外，在学生方面，班级管理跟普通班的一些带班方式及观念其实很多都挺像的，如希望学生培养正确的观念和生活能力，只是在融合班里更需要学生之间彼此关照。不同的学生，教师要带他思考同学之间并不是自己做好就好了，可运用小组的方式开展这项工作。就学习上的优点而言，融合班的学生可以学到一些解决问题的方法，普通学生面对特殊学生时，在合作上可能有一些困难，他要怎么去解决，怎么去想，怎么去调整。学生不需教师提醒他、告诉他，他自己就可以想一个方法去调整。

问：启智班和融合班，除了学生的构成不同之外，最主要的差别在哪里？

答：教育理念本来就不一样，在启智班的课程纲要中，要学的东西和在融合班要学的东西相差很大。融合班的特殊学生可以学普通学生所学过的东西，从一年级到六年级，普通学生经过的一切，特殊学生有机会跟着，这就是成长；而在启智班里是比较受限制的，而且限制很大。

问：是否有特殊的事件让教师印象比较深刻？

答：其实可以发现一些很惊喜的事情，学生的转变在很多学生身上都可以看到。例如，班上有一个轻度孤独症学生，在一年级刚进来时和妈妈黏得很紧，别人说话他听不懂，他说话别人也听不懂，但现在可以发现他和其他学生几乎是一样的，他们可以玩在一起，教师几乎可以完全听得懂他在说什么。还有一名学生在学习上成长很大，原来连字都不想写，看到字就很讨厌，现在可以写作文、写文章，这改变其实是很大的。

问：这些都是长时间管理的成果，如果让他们在普通班，会不会有这样的转变？关键的差别在哪里？

答：可能不会。因为我们给他一个环境，是我们接纳他原来的样子，我们给他一个安全的保障，他可以在这个安全的环境里面慢慢地走出来，慢慢找到跟人接触、跟人互动、互相学习的环境，他可以走出他那个很小的世界。

问：普通家长对特殊学生的期待，是否会过高或过低？

答：这方面家长的差异性很大。

问：若期待过高或过低，会不会试着与家长沟通？

答：一定要沟通。

问：家长对融合教育理念会不会有不同的意见？

答：虽然每个人对同一个概念是认同的，但是想法未必一样，绝对会有一些差别，问题是差异是不是很大。

问：如果是您自己的小孩，您会考虑送融合班吗？

答：没有特殊状况当然就选融合班，特殊状况可能是距离或其他原因，排除那些因素，当然会选这个地方。

问：选择融合班的原因？

答：在这里可以让他们更快乐。孩子快不快乐挺重要的,我们给孩子的童年对他的影响是很大的。知识技能在哪里都学得到,但他的人格、他的人生观会对他有比较大的影响。

第二章 教导独立学习的策略

哈伯德（Hubbard, 2000）认为学习是了解新事物，并且获得更好的做事方法。学习指的是学习正确的态度，获得统整的知识，延伸知识与应用知识，正确有效地处理信息，进而独立学习。教师除了做到让学生主动参与外，教导学生独立学习的策略也格外重要，尤其是在融合的班级。以下将逐一介绍跨学科的独立学习策略，以及协助信息获得和增进理解的策略。

第一节 做笔记

做笔记是帮助学生学习的重要策略之一。让学生将听到的内容记录下来，可使学生较易集中注意力，也可将记下的内容作为学习的指引，因此做笔记的技能包含了注意听讲、记下重要的概念及关键词、根据课文写下文章的意义并用自己的话记下文章的重点。学生做笔记前先要学生注意听，可以让学生使用笔或手指指着教师讲授的内容，教导学生如何选择注意重要信息。在做笔记的过程中，最重要的一种技能是写，做笔记除了要能注意听，还要能将听到的内容写下来。

在课文一开始时，可以让学生将课文内容念一遍，让学生概括了解上课的内容。通过念的过程让学生将注意力放在课本上，加上教师的讲述，专心的学生已可大致了解上课的内容。当学生已找出课文重点时，再通过做笔记把听到的内容写下来，加深学生对课文的印象。在做笔记时教师可事先将上课内容或段落做成纲要，既可让学生在上面做笔记，也可让学生将教师讲到的重点画出来，可将课文的重点用画线方式标注，或是在课文旁的空白处写下重点。学生要针对重点作记录，而非细节。所谓重点指的是整个单元或是整段在讲的内容，细节则是范围缩小到一小段中所描述的内容。对小学的学生而言，做笔记需要教师在旁引导，先将笔记格式化，再教学生如何记下重点及细节。

表 2-1 是做笔记常用的表格：

表 2-1　课堂笔记摘要表

科目：_____　　单元：_____　　日期：_____

段落／概念／关键词	页数	词语／图片	细节（用自己的话）

刚开始时细节用简短的文句表达即可，当学生已学会将上课内容填入表格后，再要求内容撰写的完整性及可读性，因为做笔记最终的目的是要用笔记作为学习的指引。

第二节　增进课文理解的策略

教师在讲述的过程中，可不断使用问问题的方式来测试学生对课文的主题（如古迹）、课程的来源（语文课）及主要概念的认知，上完课后再通过评估了解学生对讲述内容的理解，如此不断地提醒学生。如果学生完全理解不了课文，那么这一过程就无法进行。

增进课文理解是达到自我学习的技能之一，策略如下：

1．大致地阅读课文。

2．问问题：在大致看过课文内容后，问一些和课文相关的问题（谁、目的、发生了什么及如何解决）。

3．阅读课文或文章：仔细看课文以回答先前的问题。

4．总结。

每课或每个单元结束时，可通过问问题、制作单元主题报告或是练习来解决学生学习的困难。学生在听完教师讲述后，可以填写学习单（如下图）以测试对听讲内容的了解。例如，阅读完和住的地方有关的文章时，可将文章中提到的住的地方做一下比较，中间是主题，下面则是和主题相关的概念或内容，可以用图片或句子来描述，适用于任何主题。格式如下：

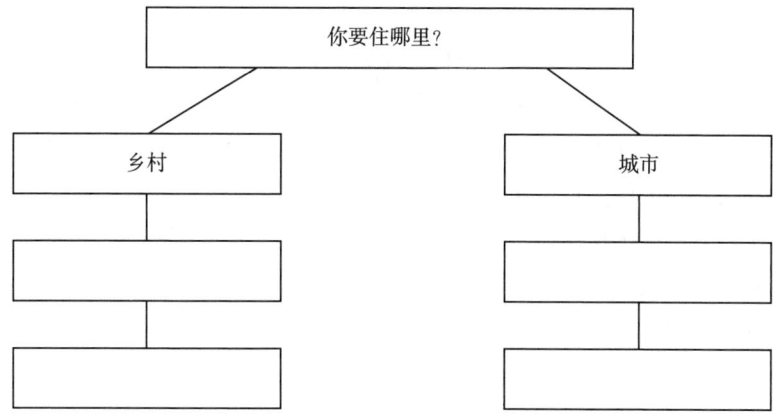

第三节 曼陀罗 Memo 思考法（九宫格）

所谓曼陀罗 Memo 思考法是一种技能，就像篮球运动的投篮技能必须不断训练才能使技术纯熟，所以曼陀罗 Memo 思考法的教学除了练习基本做法外，还需与其他课程搭配教学，具有思考训练、整理笔记和写报告的功能。通过不断的练习，学生自然掌握要领，做法如下：

1．制作九宫格。
2．将主题列在中心，并向外做八项思考。
3．从杂乱的思绪中，找出各种概念，作为每一格的标题。
4．选用的八项概念，都是内心最满意或最想表达的。

运用上述策略，融合班语文课设计了下述故事（表 2-2）：

表 2-2 语文课故事图

学生姓名：A 生　　年级：四年级　　日期：2 月 25 日

1. 地点 龙山山脚下	2. 人物 姥姥	3. 姥姥会做什么？ 剪纸
8. 姥姥送我们什么？ 春天的花朵、夏天的鲜花、秋天的果子、冬天的雪花	龙山姥姥	4. 谁跟姥姥要纸？ 小朋友、远方的人
7. 冰龙救姥姥，对皇帝他们干吗？ 吹出冰风把他们冻死	6. 姥姥被抓走，谁看到了？ 冰龙	5. 消息传到谁的耳里？抓姥姥干吗？ 皇帝 抓姥姥捡一箱珠宝

第四节 学习日志

学习日志是一种发展反思智能的好方法，它包括以下内容（戴保罗译，2004）：
- 我今天学到的要点有哪些？
- 今天我有哪些事情做得特别好？
- 我提的问题是好问题吗？
- 有什么需要改进的？
- 有什么（或谁）可以帮我改进？
- 有哪些障碍是我可以消除的？
- 有哪些错误是我可以不再犯的？
- 我今天完成了什么，使我朝目标更向前迈了一步？

运用上述策略，融合班语文课设计了下述上课学习日志（表2-3）：

表2-3 语文课上课学习日志

语文课上课学习日志

姓名：A生
日期：3月17日
课程主题：古诗三首

一、今天上课的内容是什么？
  押韵。
  诗词。
  作者身世。

二、我上完这堂课学到什么？（至少写出三项）
  1. 押韵。
  2. 诗词解释。
  3. 作者的身世——王维、杜牧、王安石。

三、自评

项目	自我评分	原因	教师评分
上课认真	3	无法专心	5
踊跃发言	3	声音不好	4
资料搜集	×		
作业完成	5	简单	5
小组讨论	×		
总分	11		14

＊表现非常好：5分；很好：4分；普通：3分；不好：2分；很差：1分

第五节 自主学习计划表

学生的学习动机主要源自学生的需求、兴趣和期望。当学生能够选择想要学的内容，他们通常都会深入地探索自己的兴趣。在实施自主学习时，整个班级、教师以及学生都需要做渐进的调整。要学生自行选择主题，且对学习的结果负责并不容易，尤其是在有普通学生及特殊学生一起学习的融合班级，要提供全班独立的学习机会及资源更不容易，亟需教师的坚持及贯彻实施才能持续地进行专题探索学习。以下是实施自主学习的建议：

- 鼓励一到六年级所有融合班的学生提出整学期要学习的主题，可以和课本内容一样。
- 教导独立学习的技能，包括做决定、问题解决、目标设定、时间管理与自我评价。
- 提供学校与社区资源让学生选择主题。
- 在班上设置角落，每个角落都安排一个学习领域，让学生在每天的"角落时间"自由选择一个角落去工作。
- 制定适合学生能力的学习契约，契约是教师与学生的书面约定，契约提供工作的范围及指导方针，当学生完成工作时可以一一核检。大部分学生可以从契约获益，因为契约可以提供给学生明确的要求，通过口头或视觉提示让要求的学习或工作结构化（Myles, 2005），表 2-4 为一个契约实例。
- 安排自我学习的作息时间，如一周抽出一节课来进行自主学习。
- 要建立一个得到家长与行政单位支持的自我指导学习计划，父母可以和孩子一起研究。
- 鼓励学生长时注意、集中兴趣，激发快乐感及想象力。
- 随时支持学生的学习。

尽管任何教育的终极目标都是在培养有能力、独立的学习者，但讽刺的是，许多学生在学校时不曾主导他们自己的学习。大多数实施自我学习过程的教育方案都会让学生受益，因为这样的经历可以养成主动的学习者，而这些人在他们的一生中将更有机会获得个人方面及职业方面的成长。

表 2-4　契约实例

契　约	
学生姓名：A 生 学　　科：社会课	日期：1/22 作业：台湾地图方案

学习任务范围：

一、请在每一个方格内画下核检符号，当你完成一项工作时就将它旁边的格子填满，你可以不按照顺序完成这些学习任务。

　　□在你的台湾地图上标出嘉南平原的位置。
　　□在你的台湾地图上标出淡水河的位置。
　　□利用提示，在你的台湾地图上用星号标出桃园国际机场。
　　□利用提示，在你的台湾地图上用星号标出新竹市。

二、当你完成上面的步骤，从下列三个活动中选择一个活动，这也是此方案中你需要完成的，记得在你选择的活动号码上画一个圈。

　　选择 1：从你的台湾地图上选择一个城市，写下一段文章：如果你住在那个城市，你可能看到哪些事情？
　　选择 2：从你的台湾地图上所标出的城市中选择一个城市拍摄照片：如果你住在那个城市，你可能拍到哪些事情？
　　选择 3：从你的台湾地图上所标出的城市中选择一个城市做一个录音访谈：如果你住在那个城市，你可能听到哪些事情？

三、指导方针：

　　1. 上交作业的时间：下星期社会课。
　　2. 如果你不了解上面教学方案的一部分或全部，问老师或同学，请他解释清楚。

教师签名　　　　　　　　　　　学生签名

　　自主学习计划表并非一成不变，教师可视教学的内容或教室的材料而做修改，每个学生都有一份自主学习计划表的复印件。通常教师要求的作业都是以一星期为单位，学生可视自己的能力及需要，填入自己选择的活动。

　　融合班有三分之一特殊学生，教师教学负担繁重，因此学生能否主动参与及自主学习格外重要。表 2-5 为融合班学生的第一周自主学习计划表。

表 2-5　第一周 A 生的学习计划表

本周我想学习的内容：唱《兰花草》					
标号	项目	内容	确认	日期	备注
1	生字、生词	《兰花草》	√	2.15	Good
2	订正、复习				
3	搜集资料	《兰花草》	√	2.16	Good
4	架构图	希望	√	2.17	Good

续表

5	读书	植物	√	2.16	Good
6	作业单	《兰花草》	√	2.18	Good
7	复习唐诗	30首	√	2.15	Good
8	背唐诗	绝句	√	2.14	Good 可找和植物、花相关的诗句。
我的学习心得： 这次我学会了唱《兰花草》，也学会一些唐诗，收获真多。					
家长的意见： 民歌时期的许多歌词都很优美，让人有清新舒畅的感觉。					

第六节 概念图

概念图和曼陀罗Memo思考法一样，也是将主题放在中间，旁边每一格列出和主题相关的问题或概念，但不一定是九格，再用图片或词语回答这些问题或概念。这样的学习单可适用在社会学习或自然领域，作为教师讨论完主题、组织学习内容的用途。

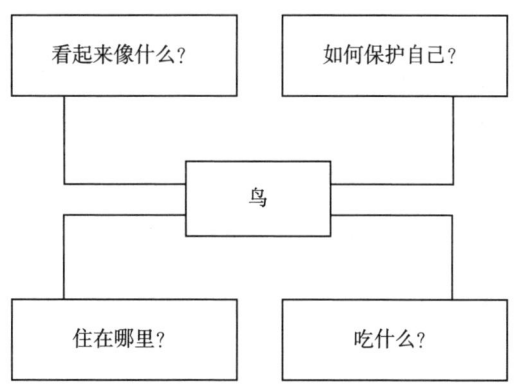

测试学生对课本所学知识的理解，也可使用概念图，将主题放在中心，将和主题相关的概念用简单的语句放在四周。例如，主题为"桥"时，和桥相关的人、事、地及物的概念放在桥的四周，让学生填写空格中的人、事、地、物，桥的概念图如图2-1所示。

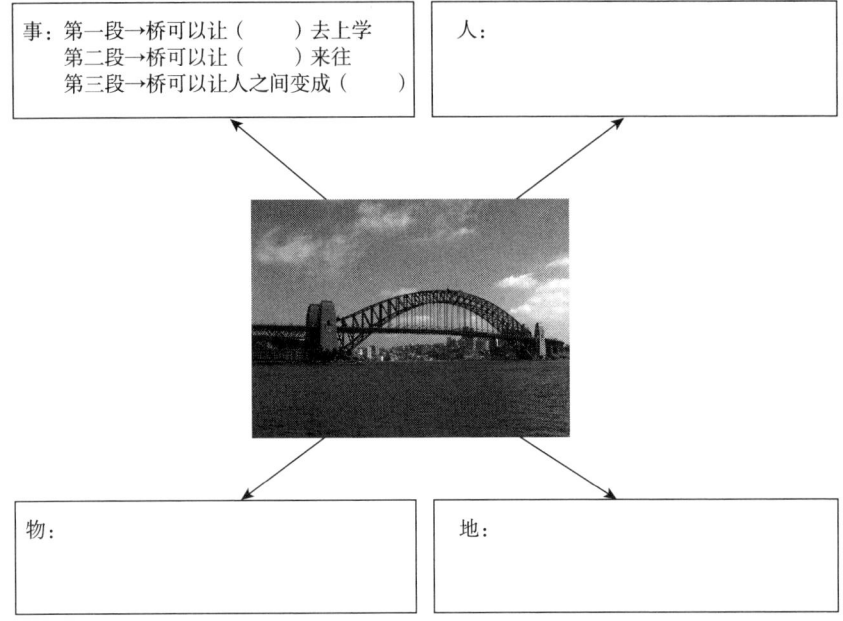

图 2-1　桥的概念图

第七节　制作学习指引

学习指引可以帮助学生在课文中找出重点，告诉学生如何回答问题，甚至将题目中的关键词圈出，方便学生寻找。表 2-6 为初中自然课教师为班上特殊学生制作以协助学生参与课堂的学习指引范例。

表 2-6　自然课学习指引范例

单元主题	水溶液	
教学重点	·溶液的意义 ·常见的溶剂 ·常见的溶质 ·常见的水溶液	其他重点： ·浓度的意义 ·饱和溶液
活动与策略	·（问）日常生活中的溶液有哪些 ·（讲解）均匀混合的概念 ·（操作）制作一杯糖水溶液 教具：模型、教具及大型图表	

续表

问题 （判断题）	（　）1. 将沙子倒入水中，许多杂质都无法溶解，此可称为沙子的水溶液。 （　）2. 任何投入水中的物质，皆可称为溶质。 （　）3. 凡溶质都是固态物质。 （　）4. 同量的水中，溶有较多糖的那一杯浓度较大。 （　）5. 同量的水中，投入越多的糖，其浓度必定越大，没有限制。 （　）6. 同量的水在不同温度时，可以溶解溶质的最大量也不同。 （　）7. 对任何固体溶质而言，水温度越高，必可以溶解更多的固体溶质。 （　）8. 对硝酸钾而言，溶液温度升高则溶解度必增加。 （　）9. 升高温度，则溶解在定量水中的 CO_2 溶解量必增加。
日常生活应用	·看不见的溶质：要小心！ ·温度与溶解。 ·冲泡奶粉。

第八节　人事地策略

　　人事地策略适用于社会课的阅读及理解，因为社会课内容多和人事地有关，人事地策略就是为增进社会课课文的理解而发展出来，目的是让学习者将注意力放在人、事、地的部分。人事地策略也可适用于阅读一篇文章或课文后，提出及回答和人、事、地相关的问题，有助于对阅读内容的理解。应用人事地策略编写的学习单如表2-7所示：

表2-7　人事地策略编写的学习单

时间	作者（　　　）岁的时候
地点	
人物	
事情经过及结果	

第九节　阅读前准备策略

　　阅读前准备策略步骤如下：

　　1. 找出课文中最重要的概念（如光合作用），并在上课时将这些重点列在黑板上。

　　2. 讨论概念和哪些事物联结在一起。

3. 讨论学生的反应。

4. 对此概念做出定义。

5. 深入讨论，如如何在现实中应用。

6. 制作学习指引。

7. 把学生过去学会的知识与课本的知识结合起来。例如，将小学时学过的光合作用和初中课程有关光合作用的内容进行衔接及对照。

8. 做主题分类，教师准备课程时应看完整本书，找出其中谈到的各种主题，并参考其他几册中同样主题中所谈到的内容加以整理，在同一主题下按难易程度排出内容，找出希望学生在每一主题需要学习的事实、概念以及答案。具体做法为将听到或看到的内容分成不同的段落，每一段最多有 15 个句子，每个句子中包含了词汇、事实及概念，而且句子和句子间必须有所关联而不是片段的，然后根据句子改编成问题，或是填空题或是选择题。

第十节　图示法

用图示的方法（graphic organizer）把课文中的重点标示出来。所谓课文中的重点指的是课文中用到的词汇、概念、想法、事件、人物、细节、事实及延伸的内容，然后用视觉的方式呈现出来。图示的方法比口头的方式更容易吸引学生的注意力，也有助于了解阅读的内容，因此图示的内容应言简意赅，文字越简洁越好。在理解数学问题的过程中，学生需要使情境具体化，在此阶段，若使用图像策略，学生需要将不相关的信息排除，再将相关信息具体地转译出来。学生若能做到这样，就能顺利地将答案算出来（Uesaka & Manalo, 2011）。以下为解决应用题时使用图示法的例子：

例：小明每天从他的储蓄罐拿两块钱当他的零用钱，请问 10 天后，他从储蓄罐拿了多少元？

解题方法：（1）将每天的零用钱用画圈的方式表示。

（2）数每天的零用钱并将数字累加。

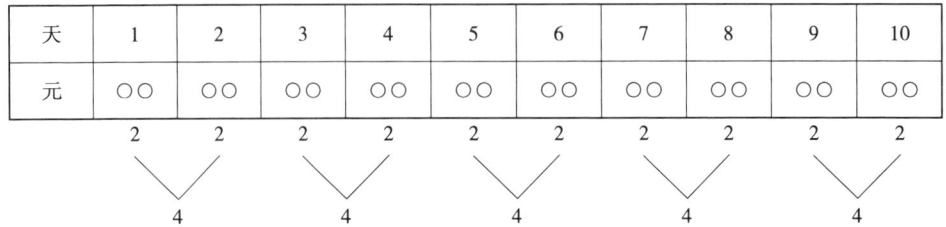

第十一节　提供学生反馈

若能依据学生的表现适时给予反馈,会使学生表现得更好,更有成就感。即时反馈也能让教师立即发现学生的问题,并给予矫正。对于特殊学生来说,很难在短时间内接受新的、陌生的教材,故教师需"尽快"给予反馈。由于系统化的反馈会使学生更有责任感,因此为学生评分时,也需非常有效率。以下有几点建议:

·在巡视时批改作业。在学生写作业时,一边巡视,一边批改他们的课堂作业。教师要随身携带各种颜色的笔,依照自己的习惯做记号。例如,正确的画以笑脸、打勾,错误的画一个△。若发现学生不知该如何做,先示范一遍,再请学生自己做,并提醒学生等一下会来检查。

·使用检查点。给十个问题,抽查其中三个以确认学生是否了解。

·请学生对答案。请最快写完的两名学生先互相对答案,等到答案订正后,请他们当小老师检查其他同学的答案。

·题目排列利于核对答案。将问题和答案栏分开,当批改或检查作业时,可以很快找到要批改的地方。

·自我订正。以口述或书面方式请学生自行订正答案,订正时可以用不同颜色的笔,以便提醒自己注意不再犯错。

第三章 多层次教学

目前越来越多的特殊学生进入普通班，不管一个班级内有几名特殊学生、几名普通学生，必须要做到学业及社会性的融合才能称之为融合班。社会性融合指的是把特殊学生视为班上的一分子，同伴间产生互动及友谊。对于轻度障碍、无行为问题的特殊学生而言，要成为普通班的一分子并被同学及老师接纳，达成社会性融合并不难；但相对于社会性融合，学业性融合就不是那么容易了，因此普通班教师必须学会如何针对同一班级不同程度的学生提供适性的教学。多层次教学（multi-level teaching）的概念正是应异质性团体教学而产生，也是普通教育教师及特殊教育教师亟需学习的技能。

第一节 何谓多层次教学

面对有普通学生及特殊学生一起学习、个别差异大的班级，首先要做到课程的融合，兼顾普通学生及特殊学生的学习需求。当每个学生的学习目标不同时，教师就要使用多层次教学的技能。例如，在同一节课里，特殊学生采用普通学生调整过（或简化过）的教学目标，配合不同的教材教具、学习单，让教学可同时达到不同难度的教学目标。由于这些目标可能都属于同一教学领域，但却是不同难度，因而称之为多层次教学。换言之，多层次教学是将同一领域中不同层次的目标融合在同一个教学活动中。教师可使用同一套教具，也可使用不同教具来达到不同难度的教学目标。多层次教学可应用在各种异质性高的团体及不同的教学领域或科目上，可同时符合不同程度学生的需要，减少教学的时间。这种多层次或多种难度，允许同一时间有不同的学习目标、不同的教具、不同的教材、不同的考试内容的教学方式，不但不会影响普通学生的学习，反而让普通学生学得更扎实，特殊学生也可获得适合其能力的教学，符合融合教育因材施教的宗旨。

在普通学生及特殊学生融合的班级，普通学生及特殊学生一起上课，学生程度明显不同，教师必须在同一时间及空间设计不同层次（难度）的课程。多层次教学的要素有下列四点：

· 包含各种各样的学习者。例如，一间七年级教室里包含了各种阅读程度的学生。

・共同分享的活动。例如，在上社会课时，所有学生都能参与，包括阅读者和阅读障碍者。

・学生拥有个别且适当的学习目标。例如，在一间自然课教室，一个初中中度智力障碍学生和其他普通学生正在一起做电路实验，他的学习目标是遵守两个步骤的指令、与同年龄的同伴沟通及知道如何更换教室，他的学习目标都不是和自然课相关的目标。

・学生在同一个课程领域中接受教学。让在教室内的所有学生都能在同一领域一起学习。

综上所述，多层次教学是依学生能力提供合适的机会，让每个人获得成就感的一种教学策略，因此在融合班上课的教师必须做到给予不同程度学生不同层次的课程，否则就会有一些学生上课学不到东西。教师教学应着重所有学生的参与，而不是只在上课时给特殊学生一个玩具或是课后给学生作业单就以为达到了多层次教学的目标。

在竹大附小融合班，班上有三分之一特殊学生，教师必须设计多层次（难度）教学以符合学生的需要。在课程内容的安排上，学习内容必须分层次，在同一个时间，表面上所有学生在上同一种科目的课程，然而课程内容已层次化兼顾不同程度者的需求。这种层次化课程方式尤其适合一些有明显顺序的科目（如数学及阅读），其他教学顺序较不明显的科目就需事前多加计划。换句话说，特殊学生学习的内容层次和普通学生可以是不同的。例如，上数学课时，特殊学生的课程层次低于大多数同班同学，程度好的学生则接受较深、较难的课程。传统式的教学内容完全以课本为主，忽略了学生的个别差异。为了兼顾不同学生的学习差异，教师必须将不同层次的课程内容安排在教学上，不同程度的学生才能真正学到东西。课程目标可视学习者的需求调整为：

・内容相同但难度不同。

・具有功能性及社区本位的特征。

・不同的分量。

・不同的呈现方式。

表 3-1 为融合班多层次教学的例子。

表 3-1　融合班多层次教学实例

一	B 组学生	12 名 （8 名普通学生、2 名轻度孤独症、1 名肢体障碍、1 名重度智力障碍）
二	领域	语文
三	多层次目标	单元名称：动物 【课文】 （一）教学目标： 第一层次：能读懂课文内容，能说明词语的意思并举例。 第二层次：能读懂课文内容，听懂词语意思，辅以口头提醒、点数累计和延长时间等协助方式。 第三层次：能听懂简化的课文（从课文中提出实用的词语，改编成具有个人生活经验的课文，配合 MP3 播放器）。 （二）形成性评估：上课表现、家庭朗读单（由家长评分）。
		【词语和生字】 （一）教学目标： 第一层次：能正确写出汉字笔顺和字形，组词造句。 第二层次：能正确写出汉字笔顺和字形，组词造句模仿练习，辅以口头提醒、点数累计和延长时间等协助方式。 第三层次：看真实照片指认和说出实用的词语，如大象、孔雀、马、兔子等动物名称（配合教师在新竹市动物园拍照的相册）。 （二）形成性评估： 1. 上台（课）表现、笔记本、家庭作业本（第一层次、第二层次）。 2. 上课和回家看照片，正确指认和说出动物名称（第三层次）。
		【应用比喻句】 （一）教学目标： 第一层次：1. 用比喻句写出家人觉得自己像什么，并上台发言。 　　　　　2. 上课主动询问同学觉得自己像什么，并上台发言。 第二层次：1. 用比喻句写出家人觉得自己像什么，并上台发言。 　　　　　2. 上课能询问同学觉得自己像什么，辅以口头提醒、点数累计和延长时间等协助方式。 第三层次：聆听同学发言、帮老师叫同学上台、帮同学跳格子加分、发作业本。 （二）形成性评估： 1. 上台（课）表现、家庭学习单（第一层次、第二层次）。 2. 上课表现、回家熟悉课文和词语（第三层次）。

第二节　制定多层次教学目标

布鲁姆（Bloom, 1956）对教育目标的分类可以提供不同难度课程及测验目标的指引，设计出不同层次的课程。依照布鲁姆的分类，学习内容可分为六个维度，教师可依据学生不同的学习能力给予不同的学习及测验内容，以下是六个维度的描述：

·知识：学生被要求重复他看到的内容、他说的话或所做的事，重点在于记忆，把获得的知识背出来。

·理解：除了记得基本的内容外，还要了解知识的内容，需要学生做翻译及阐述。

·应用：学生必须能在新的情境中运用规则及公式，能够比较、分辨，能用旧的知识来解决新的问题，如解答数学的应用问题。

·分析：必须把概念分成小的步骤，并了解其中的关联性，学生要能解释、给出理由、做出预测及估计。

·综合：能把部分综合成完整的知识，需要学生具有创新的思维以及推理、类比、阐述的能力。

·评价：能根据所做的事做出评价，对所学的东西做检查。

根据布鲁姆的分类，可将课程目标按认知发展的阶段细分成六项（表3-2），最简单的是"知识"层次，其次是"理解"层次，最难的是"评价"层次，教学及评估都可依据这六个层次来设计。特殊学生的认知发展多在知识层次，教师可参考布鲁姆对教育目标的分类及认知发展阶段表来设计出不同层次的课程，符合不同程度学生的需要。

表3-2 布鲁姆认知目标分类

评价	综合	分析	应用	理解	知识
鉴定	整合	分析	应用	组合、联想	数
途径	组织	安排、整理	计算	分类	定义
评论	计划	合并、组合	分类	比较	画、描
决定	准备	建构	完整	估算	辨认
评估	指示、命令	创造	论证	对照	指认
分级	生产、提出	设计	使用	区别	列举
审定	成效	查出、发现	检查	讨论	配对
测量	详述	发展	图解	辨别	说出名称
排列等级		解释	练习	估计	指出
测定		套用公式	联结	推算	列举、引用
建议		归纳	解决	诠释	读
选定		集合	运用	插入	想出
测验		推理	利用	预测	背诵

续表

评价	综合	分析	应用	理解	知识
		排列		说明	认出
		分类			记录
		综合			重复
		变换			说
					讲述
					列表
					追踪
					写

在一个有普通学生及特殊学生组成的小组或班级，普通学生学习的目标可能是在应用的层次，如应用动物的知识写一篇和动物有关的文章；而特殊学生学习的目标是在理解的层次上，如能理解什么是动物、动物的特征是什么。表 3-3 以认识银行为例说明每个目标层次。

表 3-3　目标层次范例

领域	目标举例	目标层次
认知领域	能认读银行的标志。	知识
	能举例说明银行的功能。	理解
	能使用银行进行存提款的活动。	应用
	能分辨银行和邮局功能的异同。	分析
	能筹划如何使用银行管理自己的金钱。	综合
	能评价同学使用银行进行存提款活动的便利性。	评价

多层次教学让学生在同一时间及空间中进行不同层次的学习，这样学生才能依据其能力进行学习。当一组学生人数越多或是学生间个别差异越大时，为学生设定的学习目标就应该越多样化；反之，当学生间程度一样时，教师设定的教学目标就只需集中在某一区，而不会有顾此失彼的现象。因此当教学对象越多元时，教学就更需做到多层次教学的要求，以符合不同程度学生的需求。例如，在上数学单元"加法"时，若有些学生无法学习"加法"，教师就必须使用多层次教学的技能，找出学生在数学领域除了加法以外的学习目标，这些学习目标可能是低于加法这个层

次，如数与量的配对、数数或是唱数；同样的技能也适用在语文课，让普通学生圈出教师念的词，特殊学生则圈出认识的词或是圈出每句最后一个字，这样学生就可以参与学习。

以下是使用多层次教学时必须注意的要点：

· 学生也许在不同的领域上会有不同的表现，因此学生在各科有不同层次的目标。例如，某生语文课目标是 B 层次，数学课是 A 层次。

· 激发学生的动机才能让学习有意义，产生真正的学习。例如，通过阅读知道认识字是重要的。

· 提供支持与协助，协助学生由低层次进到高层次。

· 设计课程需涵盖较高层次能力者的学习内容。

· 通过问答让学生进入高层次思考。例如，教学生光合作用的原理让每个学生都能依据其能力学习。

· 程度最佳者协助程度较差者。

· 采用异质性分组。

· 通过主题强调有意义及功能的学习，让课本教材和生活联结，将所需学习的内容整合在活动中。

· 鼓励学生探索、选择及组织。

· 强调学生的长处。

· 提供多媒体材料及丰富的环境。

· 尊重学生，帮助学生获取信息。

· 鼓励合作学习。

· 让学习者对自己的学习进行反思。

· 评估学生的努力及成长。

· 让每个学生有成功的机会。

· 让学生按自己的程度学习，选择适合的书籍进行阅读。

· 每堂课尽量跨领域。

· 寻找多层次教学的时机。

第三节 使用多层次目标调整课程

上课前，教师通常要将整个教学流程梳理一下，并对学生的程度做一个了解，思考在何时插入不同层次的目标，例如，在普通学生组词造句时让特殊学生仿说词语。换言之，融合班教师在课程上的掌控力必须比普通班教师来得强，因为要伺机插入特殊学生的目标。

当学生的差异性越大,无法使用相同的学习内容时,课程就需要调整。然而教师在课程进度的压力下要顾及每位学生的学习与进步,即使知道需要调整课程,但难免会有心有余而力不足的感觉,最常遭遇的问题就是"如何在课程中融入所有学生的课业需求"。在同一堂课中要做到不同层次的教学确实需要许多技能,以下是教师在设计多层次教学时采用的层次:基础、进阶及调整,以符合学生的不同需求(图3-1)。

1. 参考普通班课程,找出普通学生应该学习但并非所有学生应该学习的内容,并以此作为基础点(基础层次)。

2. 为那些能力已超过最基本程度的学生设计进阶的课程(进阶层次或高层次)。

3. 找出课程的准备技能有哪些,为能力未超过最基本程度的学生设计浅显的课程(调整层次或低层次)。

4. 尽量设计两种不同的层次(难度),也许这两种层次的学生只有少数甚至只有一名学生。

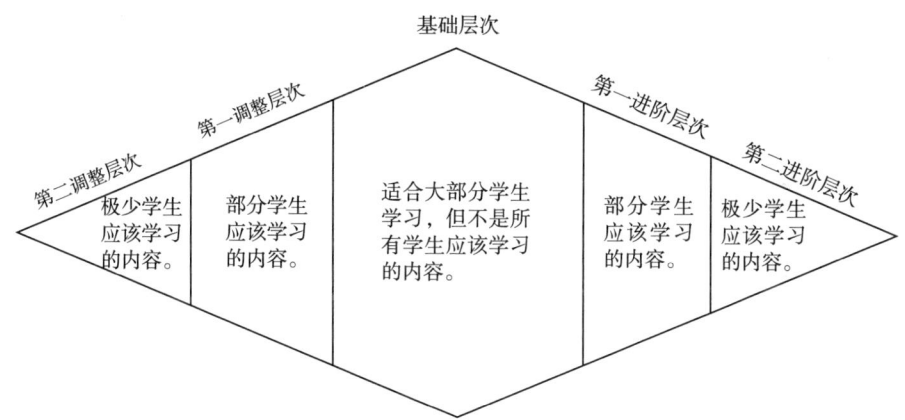

图 3-1　基础、进阶及调整层次图

一般而言,课程层次可区分为几种,如表3-4所示。

表 3-4　课程层次一览表

第二调整层次 (最低层次)	第一调整层次 (低层次)	基础层次	第一进阶层次 (高层次)	第二进阶层次 (最高层次)
内容非常浅,适合智力障碍者学习(最低层次)。	内容浅些,适合学习困难者学习(低层次)。	内容适合大多数人学习。	内容难些,适合程度佳者学习(高层次)。	内容非常难,适合资优者学习(最高层次)。

根据布鲁姆对教育目标的分类及认知发展阶段，可将"因数及倍数"课程区分为下列层次（表3-5）。

表3-5　因数及倍数课程目标层次一览表

最低层次	低层次	基础层次	高层次	最高层次
学生能指认数字及配对乘式（知识）。	学生能指认、区别乘式中的乘数即被乘数（知识）。	说出某数的因数及倍数（知识、理解）。	学生能辨认质数与倍数的关系（知识、理解）。	学生能判断何者为质数及归纳出质数的特征（评价）。

其中低层次多属于知识传递阶段，基础层次则涵盖了知识及理解层次，最高层次则可进展到评价层次。

因数与倍数的多层次教学计划如下：

- 相关概念：大、小、奇数、偶数、质数、乘、除、整除、3的倍数、5的倍数、10的倍数。
- 教具：10以内的数字、100以内的数字、1000以内的数字及九九乘法表。
- 活动：玩牌分分看。

表3-6以数学单元"因数与倍数"为例阐述如何执行多层次目标。

表3-6　因数及倍数多层次目标

普通学生课程目标	特殊学生课程目标
写出1–100间的质数	圈出3、5、7、9
写出1–10间的偶数	圈出2、4、6、8
找出积是12的乘式有哪几种	从九九乘法表中，圈出积是12的乘式： $2 \times 6 = 12$；$3 \times 4 = 12$ $4 \times 3 = 12$；$6 \times 2 = 12$
找出12的因数（2、3、4、6）	从1–20中圈出2、3、4、6

第四节　多层次教学教案

以下以语文课单元《背影》（表3-7）及数学课单元"二元一次方程式"（表3-8）的教学流程来阐述如何在课堂上执行多层次教学，呈现不同难度的目标。

一、语文课

表 3-7　七年级语文课教案

日期	单元	材料	教学程序	教学目标	评估 普	特1	特2	特3
		第六课《背影》	一、准备活动 （一）激发动机： 1. 指定学生讲述相关的文章。 2. 预习检查（第一册纸船印象、母亲的教诲、父亲的信）。 （二）解释题目：指导学生从课文、课文插图及注解探索题意。 （三）介绍作者：指导学生从作者介绍、题解中探索作者生平背景。 二、发展活动 （一）讲述全文大意： 1. 全班朗诵全文。 2. 指定学生讲述段落大意及全文意旨。 3. 教师归纳补充。 （二）介绍自己的父亲： 1. 家庭小记者：采访父亲（记录其兴趣、最难忘的事、对工作的展望、对"我"的期许）。 2. "我心目中的爸爸"：父亲的特征等。 三、综合活动 指导学生写学习单。	·能说出学过的类似文章（普、特）。 ·能查出生词、生字的意思并记下（普、特）。 ·能说出题意（普、特）。 ·能说出作者生平及作品背景（普）。 ·能说出作者生平背景并说出作者姓名（特）。 ·能正确地朗读课文（普、特）。 ·能正确说出全文及段落大意（普）。 ·能静听同学说出大意（特）。 ·能听写教师的补充（普）。 ·能在教师指导下抄写教师适当补充之处（特）。 ·能记下父亲的兴趣并介绍父亲（普）。 ·能记下父亲的特征、说出父亲的年纪，以及心目中的父亲，并说出一件与父亲间的难忘的事（特）。 ·能正确地写学习单（普、特）。 ·能正确地写小组学习单（特）。				

评估标准：√独立完成，○独立完成一部分，φ需要协助。

二、数学课

表 3-8　八年级数学课教案

日期	单元	材料	教学程序	教学目标	评估 普	特1	特2	特3
	二元一次方程式		・当 $x = 1$、2、3 时，y 为多少？ ・讲解二元一次方程式的解。 ・实践练习：$-2x + y = 3$ 的八个解。 ・讲解 $-2x + y = 3$ 与八个解的关系。 ・利用方程式的解，把解描在直角坐标系上。 ・实践练习找方程式的解，并改写成数对，再标在坐标平面上。 ・在图上介绍解的位置。 ・把坐标上的点连起来，并介绍其为方程式的图解。 ・实践练习，找出解描出数对，并连成一条直线。 ・介绍特殊的直线：$y = 2$、y 轴、$x = 0$、x 轴。	・能代入方程式，算出 y 的解（普、特）。 ・会用数对表示解（普、特）。 ・学会计算方程式的解（普、特）。 ・会把解描在坐标上，标出该点的坐标（普、特）。 ・会在平面坐标标示解（普、特）。 ・会说出 3/2 位于 1~2 之间（特）。 ・能在图上找到对应的点（特）。 ・会连接点（普、特）。 ・会说出线上的每一点都是方程式的解（普）。 ・会画出 $y = 2$ 的直线（普）。 ・会找出 y 轴（特）。 ・会找出 $y = 2$ 的点（普）。 ・会将点连成一条线（特）。 ・会画直线（特）。				

评估标准：√独立完成，○独立完成一部分，φ需要协助。

第五节　教师访谈

问：如何针对一个单元进行语文多层次教学？请说明从构思到实践的过程。

答：从构思到实践，第一个要先了解多层次要分为几个层次。如平均分组，要先确认一组有几个特殊学生，这些特殊学生的程度在哪儿。若有三个特殊学生，这三个特殊学生各自的目标教师会帮他们设定，也许会有三个层次，也许是两个层次；如果另外两个学生的程度差不多，他们设定的目标是一样的话，那就是两个，再加上普通学生的就是三个，普通学生也有程度较差和较好的区别。先将学生的状况调查清楚之后，再设定他们的目标。设定好目标之后，再去构思整个教学流程，在这个流程里面，教师应考虑如何把从浅到深这几个层次的目标在这个流程里面带出来。

针对这些目标，教师设计的学习单通过什么样的练习让学生达成这些目标，教师大概可针对这几点去想。做的过程，应该就是配合这几个去做。

问：会不会觉得哪个学生特别不好教？

答：没有不好教的学生，因为每个学生程度不一样，他所需要的就是教师为他设计的目标。只是在一个班级里，学生的程度层次有很多种的话，教师在设计上就很困难，要设计的课程难度比较高，因为要调整很多种层次，对教师而言，是时间上的挑战，或是经验上的考验。

问：很多种层次的调整，是否就是前面提到的各种课程调整？

答：同一组里面，普通学生有层次，特殊学生有层次，或许层次差异很大，或许一个班级里面就有四五个层次，要同时满足这么多学生不一样的需求，是一个比较大的挑战。挑战在于这里，而不是在于学生的个别差异。至于学生的行为问题，在于教师和学生之间，就是你不熟悉他的状况。你知道怎么处理了，就不是问题。

问：每个学生的起点能力不一样，教师该如何去把握学生的程度？

答：先以普通学生的能力去把握，然后再下降，大部分都是采用这样的观点。上课的方式也是以普通学生为整个大方向，然后再帮助特殊学生往前走。

第四章　主题教学

主题教学是当今的教育趋势，指的是课程通过主题的方式来呈现，学生的学习目标是根据主题定出的主线来教，而不是照着书本教。教师的责任则是给学生提供一个学习的环境，引导学生，让学生有机会探索或得到正确及精准的事实资料。跨学科的主题课程设计和多元目标设定适用于任何学生，包括资优生和有特殊教育需要的学生。

主题教学特别适用于学生异质性高的班级，因为可以顾及很多学生的需求与学习风格，还可以增加同伴支持和发展友谊的机会；另外，学生可以在各种环境中学习，包括学校、社区和户外；主题教学还可以让学生按照自己的步调学习，而且，任何一个主题都可以融入许多技能与训练（Kluth, 2003）。特殊学生常需要一些独立学习的时间，对这类学生来说，主题教学是一种很理想的学习活动，威廉姆斯（Willaims, 2003）发现，对孤独症人士而言，当有教师相信他的能力，并让他深入研究一个他特别感兴趣的主题时，他就能获得学业上的成功。

教师在教导异质性高的班级时，为了给班上全部学生提供有趣又适当的课程，确保班上每一名特殊学生都有机会实践个别化的学习目标，常常会选择以主题计划的方式开展教学，因为主题教学可以让任何一个学生都可以在学习具有挑战性的内容时练习阅读与写作，并提升计算机、摄影或访谈的技能。孤独症学生在做主题报告时，通过合作分组可以练习沟通技能及发展新的社交技能（如请求帮助、清楚地说明事情等）。

目前各科教学虽以单元为主，但结合了主题教学的精神，发展出主题单元（thematic unit）的设计，涵盖不同科目的内容，将它们整合在一个主题之下，就这个主题设计各式各样的学习活动，让学生从活动中汲取和整个主题相关的知识与经验。单元和主题教学最大的不同在于所涵盖的教学内容及选择的自主性上，单元教学中单元的选定是由教师主导或是直接使用教科书上既定的单元，主题教学中主题的选定是根据学生需要慢慢发展出来的，目标是由学生与教师共同商议而来，且比起单元教学课程持续的时间较长，课程较富有变化性。

第一节 制定主题

主题的内容包罗万象，一般而言，选择主题的标准如下：
- 适合学生的程度及能力。
- 增进学生的知识及能力。
- 有助于了解周围的人、事、物。
- 能提供学生寻找信息、搜集资料的机会。
- 鼓励学生与父母沟通。
- 增加学生表达想法的机会。

主题的选择可以由学生决定想要学习的内容，也可以由教师决定。目前普通小学各科都配有教科书，有既定的内容，无法让学生选择想上的主题内容，但教师仍可在课本既定的主题中让学生选择一些主题，或是每学期让学生可以自由选择一些感兴趣的主题。不论学生是否能自己选择主题，现有的课本主题仍可采用主题教学的方法来计划及执行。

第二节 主题网络图的建构

在定出主题之后，就可以开始建构主题网络图，列出主题的重点，即要包含的概念大纲，并搜集和主题相关的教学活动及所需的教学资源。通常在寻找和主题相关的资料时，教师可以先根据自己对此主题所了解的一般知识来建构这个主题的大纲。由于每个人的知识背景不同，每个人在组织及涵盖主题内容时亦可能有所不同，因此通过头脑风暴的方式，将他人或学生的意见合并在主题内容中，可使主题内容变得更丰富、更完整。主题网络图的建构可视为教学计划的一环，因此不要完全固定不变，可以随着课程的进行、学生的反应而调整。

主题网络图以主题为中心，将主题名称写在中心并用圆圈圈起；第二层构思和主题相关的内容或单元，以确定主题涉及的范围，将和主题相关的标题环绕着中心写在主题周围；第三层向外写出每一个概念或目标，和主题相关的概念没有先后次序之分，这些环绕在主题周围的概念就像是从一个中心概念（主题）散发出去的星点，一般向外呈现放射状，形成网状图，因此称之为主题网络图。教学以主题为中心，课程要涉及主题相关的次主题或单元，通过活动学习主题概念及目标。例如，主题为时间走廊，标题为语文、数学、自然、社会、美术及音乐，语文概念为文学花园及古典小说，数学概念为测量方式演进，自然概念为金属防锈及食物防腐，社会概念为多元文化，美术概念为建筑演进，音乐概念为古早歌谣迎宾曲，每个概念再向下延伸为次概念，形成主题网络图，详见图4-1：

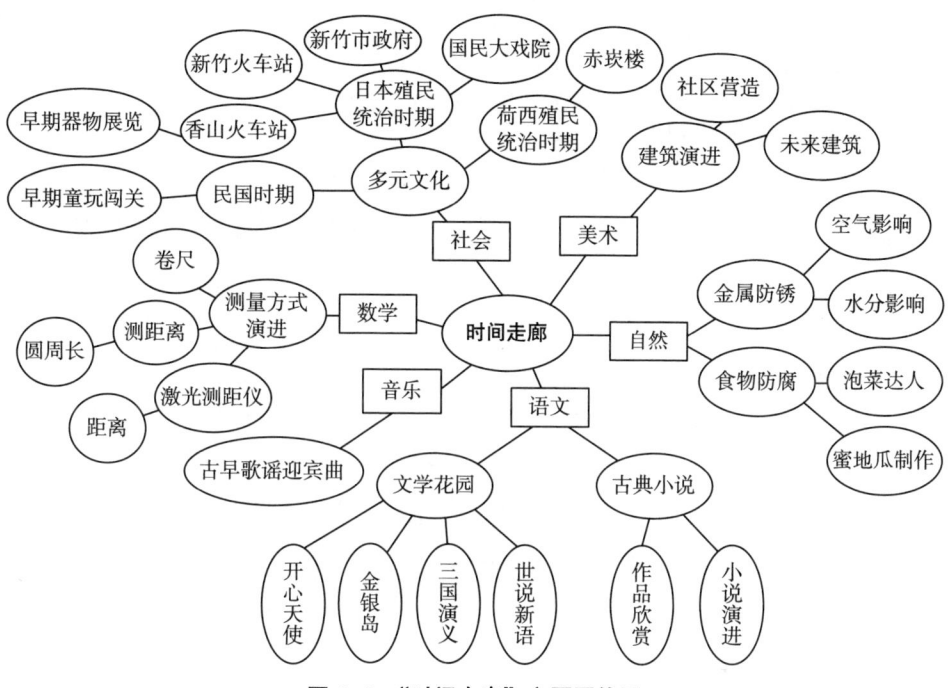

图4-1 "时间走廊"主题网络图

主题网络图可以在上课前由学生制作，用来当作课程预习或准备；也可由教师制作，作为教师教学计划使用；也可在课程进行中由教师和学生一起来设计，作为课程的一部分；也可用在课程结束后，由学生根据学习的主题记录学习到的概念、重点及相关词汇，作为事后记录教学内容之用。当学生能把知道的事物说出来、画出来或写出来时，才能将学习的内容内化成自己的知识，同时能了解到自己还需要学些什么，这也是主题教学的真谛。当主题网络图完成时，可将它展示出来，并在上面记录已经完成的活动，将已经教到的重点标示出来，课堂上来不及教的部分可作为未来讲到相关主题时要带入的重点。以下为学生记录学到的主题概念的方法（以自然课及生物课主题教学为例）。

（一）主题名称：钢棉生锈

科目：自然　　姓名：A 生

小朋友请根据下列问题尽可能以画出主题概念图的方式回答：

1. 你在这单元中学到什么？
2. 这单元中什么学习对你来说是新的？
3. 你认为你怎么将所学的应用到别的科目或日常生活？
4. 根据这单元所学的内容，你预计下次会学什么？

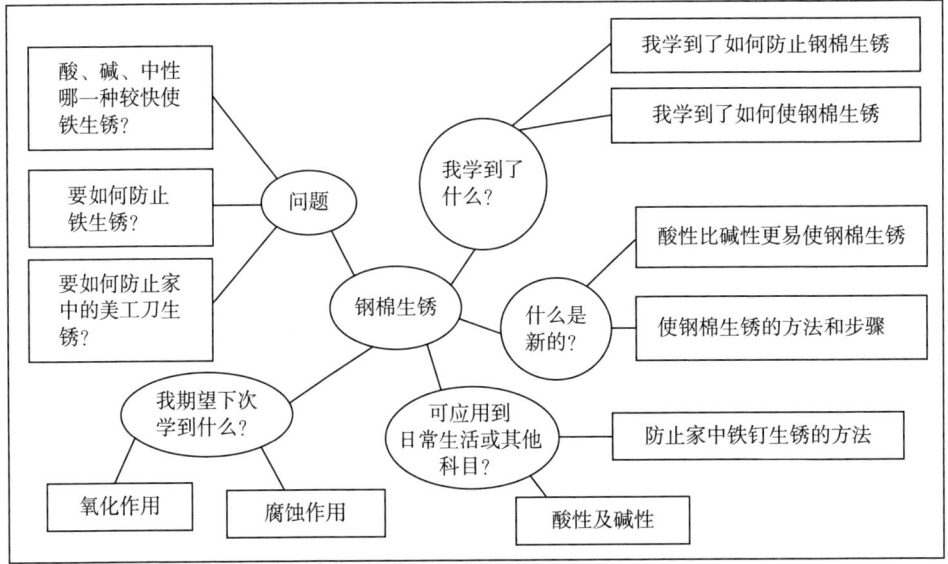

请根据主题概念图，写一篇自然日记记录你如何学习"钢棉生锈"这个主题（至少100字）。

以前我认为铁生锈是理所当然的，但在这一科目中，我发现它不只发生了生锈，还出现了不同现象，像有些溶液会造成生锈的颜色不同，而酸性溶液还会有一些斑点。所以许多日常生活中的事情并不是理所当然的，它可能还有道理存于其中，总之这次课堂十分棒。

（二）主题名称：血液循环

科目：生物

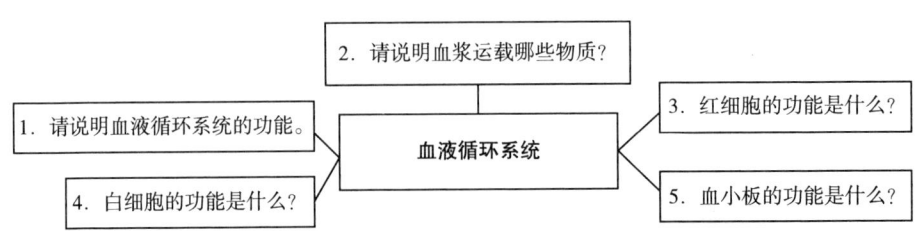

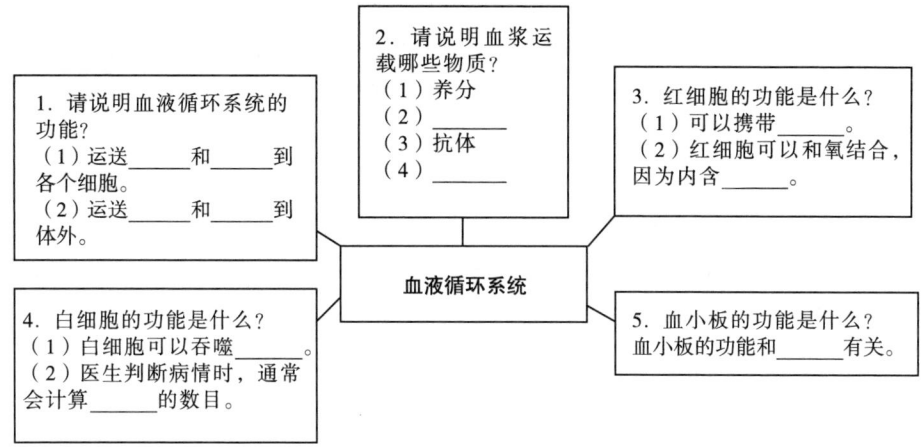

第三节 主题教学活动

活动可以和主题结合,选择的主题要和自身具有关联性,减少活动内容的差异,主题活动的设计需要针对学生的基础能力设计个别化的学习目标,这种融合各种领域及学生目标的学习活动,让学生操作与自由选择,比起一般的书面作业可以带给学生较大的学习动机与乐趣。把性质相似的活动结合在一起,如把和剪相关的活动(着色、贴)放在一起,才能同时进行不同层次的教学。

竹大附小融合班一班有7名特殊学生,15名普通学生含资优生。在主题教学中以主题"一念之间的变化"为例,做法如下:教师与学生们讨论主题教学计划,融入语文、自然等学科。学生建议以开舞会的形式并邀请家长们参与,和家长们讨论,组织家长后援会,选择家长们方便的合作时间,征集志愿者帮忙烹调、打字、采购、跑腿和打电话联系,也号召家长们支持手工艺制作、食物烹煮、协助研究和影片拍摄,并为计划定下日程表。

此外任何科目都可通过安排和主题相关的活动来呈现主题的内涵。例如,通过固定的阅读、搜集资料、写作、绘画、合作小组来学习该主题,使学生对主题有大概的了解,并安排学习角落,将主题内容安排至各个角落,让学生在选定的角落中学习,或是在角落中轮流移动,角落中的活动可以让学生和其他同伴产生互动,且不局限于听、说、读、写的方式,可进行较活泼的活动,如角色扮演。因此角落活动可作为课堂活动的延伸,使主题教学变得更加完整。

根据主题所设计的活动都需有计划、发展(操作)及最后的成果分享三个部分。一般而言,进行主题相关活动时,不管是进行哪一科目的教学,都可准备相关的素材。例如，参观后画图、写信表达感谢或制造出看到的物品的模型；自然课在上到和动物相关的单元时，可制作饲养日记及特征异同比较图，并写下欲研究的问题，也可画出动物生长的顺序图及位置图；社会课上到"家庭"这个主题时可画出家族的族谱；数学课则可画出性别、生日月份统计图表及百分比。

教师可在主题结束时，让学生反思每个主题学到了什么。先知道学生对特定主题了解的情形，再安排主题教学活动，教完再了解学生学到了什么，这样的策略称为 KWL（know what learned）技能，其中"K"是我已经知道了什么，"W"是我想要知道什么，"L"是我已经学到了什么。

第四节　主题教学计划：各科教学整合在同一个主题

当教学的主题确定后，就可以提供学生概念发展的框架及教学的主题材料，活动的安排也就有了方向。主题可大可小，当确定一个主题后，如果主题涵盖的范围较广，可将之分化成一个个单元，和目前的教科书每几课形成一个主题、再分化成一个个单元类似。一课一个单元，教师一课课地教，将主题内容的各个方面一一呈现出来。

在竹大附小融合班的主题教学计划中，各科会安排各类型的教学活动，如集体、小组或是角落活动，会整合在同一个主题之下，这个主题通常是以语文为中心或另定相关的主题。以竹大附小融合班五年级上学期主题教学计划表为例（表4-1），表上列有主题、单元及各个领域的教学活动，以周为单位，如语文活动栏下列着和主题相关的语文活动名称。主题根据各单元的名称制定，例如，语文课单元名称为"湖边散步""水上森林"及"走入大自然"，自然课单元名称为"生物的世界""水中动植物"及"大自然真奇妙"，主题名称综合语文及自然单元内容，取名为"生态之美"。同样，在"梦想与挑战"主题中，语文通过实现梦想的故事思考未来的梦想，并从生活中实践；数学课应用柱体、锥体结构，挑战超高梦想建筑；自然课学习天气变化原理，挑战克服天气限制的梦想及学会运用预测工具；社会课认识多元团体，学习运用资源，克服困难，协助实现梦想；艺术课借由对人体五官的认识，挑战国际彩妆T台的妆容。

主题名称列得越广，越能涵盖不同的活动；主题项下所有的活动都须和主题有关，即各科整合在主题名称之下，将各种领域的活动以主题作为讨论的材料或作为教学的教材。例如，主题为秋天，数学课教到分类时，就可以用食物来做分类，比较食物的多少。其他主题活动类似九年一贯课程中的综合活动，活动内容通常安排跨不同领域的活动。

表 4-1　五年级融合班主题教学计划表

周次	主题	（大组）语文		（小组）语文		（大组）数学活动	（小组）数学活动	自然与生活科学		社会学习活动
		单元	活动	单元	活动			单元	活动	
2	感恩的季节	秋天大合唱	·四季交响曲 ·秋的联想	秋天大合唱	·四季交响曲——景色描述 ·庆祝节日	有几种排法	分到几个苹果？	太阳的观测	谢谢您赐给我光明	稻子的生产活动
3		秋收	·月圆人团圆 ·中秋传说	秋收	·认识稻谷 ·我是小农夫	数不清的倍数	怎么分才公平？		早中晚位置的变化	银行比一比 我的购物单
4						形形色色			太阳太阳我爱你	大投资家理财专家
5	生态之美	湖边散步	·大自然日记 ·环保剧场	湖边散步	·美丽风景一游 ·环保小尖兵	做一个扇形	围成什么形状？	生物的世界	形形色色的生物	
6		水上森林	·红树林之旅 ·绿世界	水上森林	·认识红树林 ·比一比猜一猜——动态名词	用量杯量一量	用量杯量一量	水中动植物	比赛分类水中动植物	清末的政治生活
7		走入大自然	·感官之旅 ·动植物打擂台			因数集合		大自然真奇妙	观看大自然之美视频	分割的中国

有了主题后，就可将各科单元欲传达的概念及目标安排在语文、数学、自然与生活、艺术与人文、社会学习、健康与体育及其他主题活动中。进行主题教学活动时，教师需搜集相关的资料，制定主题涵盖的范围，整合相关的资源，设计教学活动。主题计划表范例如表 4-2 所示。

融合班每年都有一个主题教学日，把该月主题进行深入的呈现，并邀请家长参观。表 4-3 是一年级主题教学参观日所呈现的教学计划，涵盖了相关活动及展示。

表 4-2　主题计划表

- 主题名称：生态之美。
- 课程或单元名称：湖边散步。
- 课程或单元重点：(1) 搜集曾去过的美丽风景区的图片，并展示给同学欣赏；(2) 能说出大自然之美；(3) 介绍台湾的湖泊；(4) 介绍泥石流发生的原因；(5) 介绍湖泊的水土保持。
- 学习目标：

普通学生：(1) 能发表自己的意见和感想；(2) 分享自身散步的经验；(3) 使用形容词描述湖泊之美；(4) 对大自然持有尊重的态度，并有爱护的观念及行动（环保小尖兵）；(5) 能说出爱护自然的方法。

特殊学生：(1) 能说出湖边常见的植物；(2) 聆听同学分享湖边散步的经验；(3) 能跟同学一起去社区捡垃圾（环保小尖兵）；(4) 能倾听爱护自然的方法。

- 教具或教学材料：图片（和湖相关的风景图片）、环保标章、介绍泥石流的影片、数学积木、地图。

学习活动安排

语文：阅读《湖边散记》	数学：湖的面积与周长
社会：台湾的湖泊	健康与体育：湖边漫步，卡路里计算
自然与科学：湖边植物介绍，观赏泥石流视频	艺术与人文：环保剧场，湖边写生
综合活动：垃圾分类，环保小尖兵（社区服务）	

- 主题或单元教学针对特殊学生所做的调整：(1) 依特殊学生的语言表达能力分配适当的角色；(2) 讲到湖的周长与面积时，让特殊学生能判断湖的大小及湖所在的地点，并加强特殊学生的社会技能；(3) 给予特殊学生内容较简单的书进行阅读；(4) 尽量用图片作为视觉引导。
- 评估程序：通过学生上台报告、经验分享、写生、环保剧场、环保小尖兵服务表现、阅读测验及自然课与数学课的作业单，评估学生对单元的了解。

表 4-3　主题教学计划表

教学主题：我的学校生活	
年级：一年级	班级：飞龙里
教学课时：一个月	教师：A 老师、B 老师、C 老师
欲达成的学习领域能力指标： 语文：· 能利用拼音，和他人分享自己的经验和想法（飞龙创作屋、心情日记）。 　　　· 喜欢聆听别人的发言（字卡小老师的好听众）。 　　　· 能清楚明白地口述一件事情（字卡小老师）。 　　　· 能依照文意，大概读出声音的节奏（有节奏地朗读课文）。 　　　· 能认识常用汉字 1000～1200 字。 　　　· 能利用部首或简单造字原理，辅助识字（大猜谜）。 　　　· 能读懂课文内容，了解文章的大意。 　　　· 能用文字来表达自己对日常生活的想法（飞龙创作屋、心情日记）。	

续表

数学：·能熟练识记 1~10 及 10~1 的数字顺序。
·能解决和为 10 以内各数量的合成问题。
·能借由玩加起来是 10 的扑克牌游戏，解决和为 10 以内的加法问题。
·认识简单的平面图形：正方形、圆形、三角形、长方形。
生活：

生活礼仪与常规

·学习用餐礼仪（打饭和用餐前先洗手、安静用餐与细嚼慢咽等）。
·排队整齐。
·学习整理自己的生活环境（擦桌子、扫地、拖地）。

品德

·欣赏自己与别人的优点。
·感恩生活中的人、事、物。

我与环境

·我的学校运动会——学习跳啦啦队的舞蹈。
·我的户外教学——参观动物园，认识动物园里的动物。

评估项目（可配合展示）：
语文：
·大猜谜：评估"能利用部首或简单造字原理，辅助识字"。学生将自己习得的生字，利用生字的形状及创造力编成谜语，成为闯关游戏中的一关。
·文字艺术师：评估"能认识课文中的生字"，展示平时学生们做的生字卡，呈现学生所学习到的生字。
·飞龙创作屋：评估"能利用拼音，和他人分享自己的经验和想法"。飞龙创作屋为学生们利用学习到的课文生字、词语创作成一篇文章，以呈现学生平时作品的方式进行展示。
·"关主"的考验：由学生担任"关主"向家长说明各关游戏规则，此部分也评估了"能否清楚明白地口述一件事情"。
数学：
·排七：评估"熟练识记 1~10 及 10~1 的数字顺序"。学生与家长一同玩排七的扑克牌游戏，了解学生是否能排出正确的 1~10 的数字顺序，以闯关游戏的方式呈现。
·捡红点：评估"和为 10 以内的加法问题"，让学生与家长一同玩捡红点的扑克牌游戏，了解学生是否能计算 10 以内的加法问题，以闯关游戏的方式呈现。
生活：
·比手画脚：评估学生对动物的认识有多少。学生了解动物的特征后，会自己想题目比出动物的特征，让家长猜是哪一种动物，此部分以闯关游戏的方式呈现。
·涂鸦隧道：让学生画下自己在户外教学看到的动物，了解学生认识的动物，此部分以作品的方式呈现。
其他部分以学习档案的方式呈现。

教学活动	教学程序	教学目标（普/特）	教学策略（分组、合作学习等特殊安排）	教材/课时
吹泡泡	·影片引导，激发动机。 ·课文情境引导实际，让学生吹泡泡。 ·课文指导配合生字教学及作业练习	普： ·能自行朗读该课的课文。 ·能用动作呈现课文的情景。 ·能读、写出该课生字。 ·能利用该课生字组词造句。	·合作学习（座位分组，奖励制度中强调小组合作）。 ·特殊学生的教学目标会做调整。	康轩第一册/六节课

续表

| 吹泡泡 | （生字教学为课文中的生字各有一名学生认领，学生会做字卡，当小老师教其他同学）。 | 特：
·能跟着教师念简化版的课文。
·能跟着同学做动作。
·能读出及挑选出该课部分生字。
·跟着教师或同学读该课生字、词语及句子。 | ·特殊学生的作业及学习单的部分会做调整。 | |

配合主题教学所做的布置：
·涂鸦隧道：将学生的相关作品张贴在教室外。
·主题海报。

配合主题教学所做的展示：
·主题海报。
·学生的相关作品。
·学习档案。
·生活中的善事本。

教材架构图：

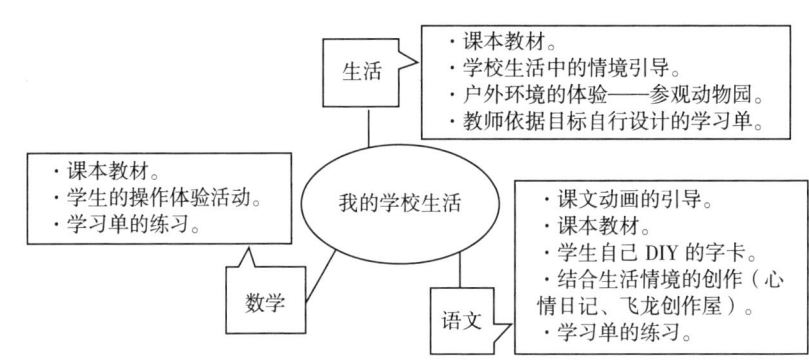

针对特殊学生所做的调整：
·调整学习目标。
·调整课程教材（增加图片、实物、实际体验的活动）。
·作业的调整，设计学习单。
·教室环境的布置，座位的安排。
·鼓励小组合作学习的模式。

主题教学参观日所安排的活动：
时光宝盒：飞龙学生的成长日记影片。
感恩时刻：送感恩卡给爸爸妈妈。
闯关活动：
  ·文字魔术师。
  ·大猜谜。
  ·排七。
  ·捡红点。
  ·比手画脚。
  ·涂鸦隧道。
  ·学习档案的展示。
家长会。

第五节　多元智能多层次教学

融合班强调重视每个学生的优势能力，让每个学生获得自信心和成就感。多元智能符合融合教育精神，多层次教学结合多元智能更能达到因材施教的效果。多元智能多层次教学范例如下：

一、主题：恋乡爱土

配合各科上课内容制定。

二、重点

- 认识苗栗县苑里镇的自然环境。
- 了解有机稻米的成长过程。
- 了解有机稻米对环境的重要性。
- 了解稻穗怎么变成白米。
- 应对 WTO，农民如何自处？

三、包含领域及重点

- 语言：阅读稻米相关资料、整理重点、口头报告。
- 逻辑数学：找出白米制作过程和机器使用的先后顺序。
- 空间：留意并适当分配制作海报时的图文版面位置。
- 肢体动觉：实际体验用手剥稻壳、自制有机米饭团、下田拔杂草、拣菜。
- 音乐：欣赏《农村曲》。
- 人际关系：合作学习（小组成员共同制作海报）。
- 反思：小组之间的观摩与学习、了解有机农业对环保的重要性。

四、多层次学习目标

重点	层次一（最高）目标	层次二目标	层次三目标
认识苗栗县苑里镇的自然环境	了解苑里镇的气候、地形、土壤和水源，以及它们与农业的关系。	了解苑里镇的气温、地形、河流和主要产业。	了解苑里镇位于台湾西北部，是个以农业为主的乡镇。

续表

了解有机稻米的成长过程	·了解种植一般稻米的过程。 ·说出有机稻米的特色。 ·知道一般稻米和有机稻米的差别。 ·了解有机稻米对环境保护的重要性。	·正确排列出一般稻米的种植过程。 ·认识有机稻米的特色。 ·找出一般稻米和有机稻米的异同。 ·知道有机稻米对环境的重要性。	·能看图说出一般稻米的成长过程。 ·能找出有机稻米的特色。 ·能看图找出一般稻米和有机稻米的不同。 ·了解有机稻米对环境是重要的。
了解稻穗怎么变成白米	·能说出稻穗变成白米的过程。 ·说出各式碾米机的外观和功能。 ·能说出机器碾米的过程。	·了解稻穗变成白米的过程。 ·认识各式碾米机的外观和功能。 ·能排列出机器碾米的过程。	·分辨稻穗、稻壳、杂草、胚芽米、白米的外观。 ·认识碾米机的外观和功能。
传统农业的转型	·说出休闲农业的意义。 ·了解休闲农业的类型。 ·了解休闲农业的特色。 ·了解应对台湾加入WTO之后的做法有什么。	·了解休闲农业的意义。 ·能找出休闲农业的特色。	·认识休闲农业。 ·能看图说出休闲农业的特色。

五、学习活动

重点／活动	阅读资料
多层次策略	能力较好的学生自主阅读，并协助其他学生找出重点并整理。
语言	阅读并理解资料，找出重要标题。
逻辑数学	依照顺序排列次标题。
空间	
肢体动觉	用笔在数据上画重点。
音乐	
人际关系	团体合作、共同整理并分享资料。
反思	
重点／活动	认识苗栗县苑里镇的自然环境
多层次策略	能力较好的学生可说明苑里镇的气候、水源、土壤和地形；能力其次的学生看图找出河川和地形分布。

续表

语言	能口头报告海报内容。
逻辑数学	有逻辑地找出自然环境对苑里镇土地利用和稻米种植的影响。
空间	在地图上找出苑里镇地形、河川和土壤分布的相对位置。
肢体动觉	利用黏土做出苑里镇地形分布图。
音乐	
人际关系	小组合作查阅资料、协调分工内容并制作海报。
反思	互相观摩学习。
重点／活动	了解有机稻米的成长过程
多层次策略	能力较好的学生可说明一般稻米和有机稻米成长过程的不同之处；能力其次的学生可正确排列出稻米的成长过程。
语言	能流畅地介绍有机稻米的特色。
逻辑数学	能有条理地介绍稻米的成长顺序。
空间	可适当分配海报的图文、表格、版面内容。
肢体动觉	下田踩烂泥、拔杂草、抓福寿螺、喂合鸭、采摘青菜、制作饭团,实际体验粒粒皆辛苦的心情。
音乐	欣赏和稻米相关的台湾传统歌谣(如《农村曲》《快乐的农家》)。
人际关系	小组讨论分工内容。
反思	互相观摩学习。
重点／活动	了解稻穗怎么变成白米
多层次策略	能力较好的学生可说明碾米的过程,并依序介绍各式碾米机的名称和功能；能力其次的学生帮忙画出稻穗变白米的过程。
语言	能说出碾米机的功能和碾米的过程。
逻辑数学	能依序介绍稻穗变白米的过程,能了解煮一碗饭所需要的米粒数量是多少。
空间	观察碾米过程,感受巨大碾米机的空间感和了解米粒在管路间输送的曲折路线。
肢体动觉	用手剥稻壳、胚芽,了解人工碾米费工费时；操作色彩选别机,认识机器的原理。
音乐	
人际关系	小组讨论分工内容。
反思	互相观摩学习,了解一包米的产生需要集结众人的努力。

续表

重点/活动	传统农业的转型
多层次策略	能力较好的学生可介绍何谓休闲农业和加入 WTO 的联系。
语言	能流利说出农民发展休闲产业的意义和好处。
逻辑数学	能依序介绍我们在"有机稻场"体验到什么。
空间	了解"有机稻场"的空间规划。
肢体动觉	
音乐	
人际关系	小组讨论分工内容。
反思	互相观摩学习。

六、教学策略：以"稻穗怎么变成白米"为例

◎多层次策略

能力较好的学生可说明碾米的过程，并依序介绍各式碾米机的名称和功能；能力其次的学生帮忙画出稻穗变白米的过程。

材料：海报纸、蜡笔、彩色铅笔、彩笔、机器碾米的图文资料和胶水。

程序：学生五人一组（不同程度），全组上台介绍碾米的过程。

◎语言

能说出机器碾米的功能和碾米的过程：选石机、砻壳机、碾米机、洗米机、色彩选别机。

◎逻辑数学

能依序介绍稻穗变白米的过程，能体会煮一碗饭所需要的米粒数量是多少。

学生可以比较使用双手剥稻壳和机器碾米的时间长短，此外还可以观察桌上量米杯里的米粒数量，了解煮一碗饭需多少米粒，借此初步感受"概数"的概念。

◎空间

观察碾米过程，感受巨大碾米机的空间感和了解米粒在管路间输送的曲折路线，学生也可看到巨大碾米机是什么形状。

◎ 肢体动觉

用手剥稻壳、胚芽，了解人工碾米费工费时；操作色彩选别机，认识机器的原理。

学生用手剥稻壳、胚芽，了解人工碾米的辛苦以及白米和胚芽米的差别，另外借着观察和操作色彩选别机，了解品管对稻米产品的重要性，并认识机器的原理。

◎ 人际：合作

小组讨论分工内容，五人一组分工完成海报，有人查资料，有人重点整理，有人负责抄写，有人画插图和贴照片，还有人上台口头分享海报内容。

◎ 反思

互相观摩学习，了解一包米的产生需要集结众人的努力。

学生欣赏彼此精彩的报告，在活动结束后，可分享自己所体会的事物或是其他有趣的想法。

第六节　主题教学的评估

主题教学的评估可依照下列指标，指标及结果如表 4-4 所示。

表 4-4　主题教学评估指标

主题名称：人与环境	
评估指标	结果
主题及引导问题：这些主题或引导问题有必要吗？用什么方式？	主题设定为人与环境，强调人与环境间的互动及反思，其中主要概念设定为： ·记录及流畅的表达（语文）。 ·将与环境互动的过程量化（数学）。 ·人与环境互动的记录（社会与文化）。 ·对环境的重视与保护（自然与生活科学）。 ·与环境互动过程中的安全性（健康与体育）。 ·感受环境之美，并通过素材表达（艺术与人文）。 将以上概念运用讲述、参观访谈、美工作品等方式引导学生进行感受。
预期结果：对学生掌握的知识、技能是否加以确认？是否有切身关系？合乎发展进程吗？	·学生能了解老街演变过程、欣赏庙宇之美及认识古人使用的器具。 ·学生会运用可再生的媒介材料进行创作。 ·学生能知道各类水生动植物，并懂得保护环境。 ·学生会规划行程，并将过程记录及表达出来。

续表

主题名称：人与环境	
评估指标	结果
学习内容：包含哪些概念？	·记录及流畅的表达（语文）。 ·将与环境互动的过程量化（数学）。 ·人与环境互动的记录（社会与文化）。 ·对环境的重视与保护（自然与生活科学）。 ·与环境互动过程中的安全性（健康与体育）。 ·感受环境之美，并通过素材表达（艺术与人文）。
思考技能：是否包含高层次的思考技能？有哪些？	知识、理解、应用、分析、综合。
制订计划：学生有制订学习主题的计划吗？	各组制定参观访谈时的访谈主题及问题大纲。
强调哪些智能：学生是根据八种智能来学习吗？	·语言智能：有效运用口语或书写的能力。 ·逻辑数学智能：有效运用数字工具和推理的能力。 ·自然观察智能：对周围生活环境的认知与表现喜好。 ·肢体动觉智能：善于运用整个身体来表达想法和感觉，运用双手灵巧地生产或改造事物。 ·反思智能：有自知之明，并据此做出适当行为的能力。 ·人际关系智能：察觉并区分他人的情绪、意向、动机及感觉的能力。
实际应用：是否要求学生在教室之外应用所学？	要求学生能规划行程并厘清欲解决的问题，而后确认目标并加以记录。
智能的深度发展：是否通过辅导制度来发展学生的长处？怎么做？	通过参观访谈、美工作品展示等综合活动发现学生长处，并运用加深加广的课程设计发展学生长处。
评估：包含评估的三个方面（人际、反思以及内容和技能）吗？教师及学生如何进行反馈？	·在活动过程中评估学生的人际互动技能及反思能力，然后运用综合活动检验是否习得内容及技能。 ·学生在活动结束后进行心得分享，与教师进行相互反馈。

第七节　主题报告

在普通学校，学生很少有选择课程内容或参与课程决定的机会。在融合班，独立学习被当作教学方式之一，每学期学生要合作完成一篇主题报告以供学生主动学习、自我要求及合作学习。在教师的协助下，学生可以选择并规划自己的学习历程，包括要研读的主题内容、学习目标、学习策略、所采用的活动以及所运用的资源，学生也可以选择如何展示和评估自己的成果。教师的角色从传授内容扩展到教导学习历程，如此学生可以在学习与进行独立学习中体验到成功。对于小学生而言，做一篇专题报告并不容易，低年级学生当然无法真正完成一篇报告，因此可以协助他们选一些低年级较熟悉的主题，针对重点做一篇短的、以图为主的报告。主题报告内容由每组学生自定，除了书面报告外，还要有口头报告。

以专题计划为学习基础的技能应该如实地教给学生，因此教师要引导学生并提供学生指导，大部分独立学习方案是通过学习契约来组织的。通常，这种契约是由学生、家长与教师共同商议而成的。表4-5呈现了融合班主题报告合作学习契约表，从中可看出学生如何执行计划。

表4-5 主题报告合作学习契约表

组别：六　组长：　A生　　组员：　B生、C生、D生、E生、F生、G生
主题：新竹城隍庙
★目标（列出四个想要知道的问题）：
1. 城隍庙小吃　　2. 神明的故事　　3. 庙内古迹　　4. 城隍庙举办的活动
★学习策略（你要用什么方法来学会它？）：
1. 上网查资料　　2. 阅读书面资料　　3. 实地参访
★资源（谁可以提供你资源及提供些什么？）：
1. 访问工作人员　　2. 文化中心古迹维护课　　3. 访问城隍庙的香客和游客
★展示方法（你们将如何展现所学主题？）：
静态：1. 书面报告　　2. 海报　　3. 神明面具　　4. 实地参访照片
动态：1. 戏剧演出——七爷八爷出巡　　2. PPT报告
★任务分工表：

组员姓名	负责事项
A生	协调分工、找资料、戏剧演出。
B生	面具制作、参观拍照、访问、戏剧演出。
C生	参观拍照、访问、戏剧演出。
D生	参观拍照、访问、戏剧演出。
E生	找资料、PPT制作、参观拍照、访问、戏剧演出。
F生	戏剧演出、海报制作。
G生	面具制作、准备道具、戏剧演出。

★工作时间表：

周数	预计完成事项
第10周（11/01）	查资料、制作PPT、书面资料。
第11周（11/08）	制作PPT、实地到城隍庙参观访问。
第12周（11/15）	戏剧角色分配及排演、书面资料。
第13周（11/22）	海报制作、戏剧的道具制作、最后整理。
第14周（11/29）	汇报练习。
第15周（12/06）	正式汇报。

续表

> ★评估项目（你认为一份报告成功的标准是哪些？）：
> 1. 呈现方式多样化　2. 主题网络图　3. 目录　4. 心得　5. 分工协调
> ★计划评分标准：
> ・资料搜集的完整性：涵盖主题的深度与广度，与其他科目的联结。
> ・资料整理的组织与结构：将资料经过剪接，整理成一篇完整的文章。
> ・资料呈现的方式：如附上照片、图片及说明。
> ・分工合作：如何将工作分工。
> ・每个人参与及学习的部分：需附上每个人学到什么等感想。
> ・海报制作：将主题内容画成海报。
> ・口头报告。
> ・计划规划、发表和执行之间的契合度。
> ・内容正确性。
> ・内容深度及广度。
> ・创造力和独创性。
> ・资源的使用。
> ・活动的安排。
> ・其他人对计划的评价。
> ・学生反思的质量：反思学到什么？未来计划还要做些什么？通过阅读教师的评价及分析发言时的视频，反思他们的计划展现什么样的信息——兴趣、长处、挑战，并将这些信息纳入未来的计划中。

就如在主题学习契约表上所看到的，是由学生决定要学什么、怎么学、时间的架构、如何展现新技能的方式，以及如何检验他们的学习。教师的角色包括协助个人和小组、协商契约、为学生的主题报告建立联系，以及帮助学生解决在规划、管理与运用资源上所碰到的问题。以计划为主的教学与传统的教学有很大的不同，学生变为自我学习的启动者，与教师更亲近。对大多数学生而言，计划能促进他们的课业和合作精神，并能从中领略到如何经营未来成年生活中的各种真实计划。

在整个主题报告的撰写上，最难的部分是资料的收集与归纳整理。随着计算机科技的发展，从网络上常可找到很多的资料，但如何整理资料就是一门学问了，因此教师应教导学生如何搜集、阅读及整理资料，并和学生讨论，讨论表见表4-6。

在管理学生的主题计划报告时，教师应把时间清楚地列出来，并教导学生如何制订内容及进度，如一个月讨论内容、一个月搜集资料等，通过循序渐进的方式，来完成一件较难的工作。教师还要协助督导各组是否如期完成进度，并在每周留一些讨论的时间，让学生了解每个人的进度，这样可以避免主题报告到了最后才匆匆忙忙地完成，辜负安排主题报告的美意。此外教师应协助学生分工，再督促他们完成自己该负责的部分，然后才予以整合，以免学生无法达成分工的共识，也可避免只有少数同学参与，而其他人不知如何协助的情形发生。口头报告时亦需事先做分工，报告时由别组同学提问，给予反馈，增加互动机会。在计划完成分享后，选出学生的作品来集结成册。

表 4-6　小组与教师会谈记录单

年级：_____　　组　　别：第_____组
日期：_____　　参与人员：_____
记录：_____　　教师签名：_____

1. 目前进行的进度：
_____
_____
_____
_____

2. 我们讨论的内容：
_____
_____
_____
_____

3. 我们的提问：
_____
_____
_____
_____

4. 教师的建议：
_____
_____
_____
_____

第五章　全语文教学

学生需要完整的语文学习，时下所谓的"全语文教学"就是用文学作品做教材，让学生听、说、读、写能力同时发展。通过阅读活动，倾听、阅读、讨论、表达、分享和写作，以学生为主角，教师扮演引导者的角色，通过精心设计的活动引导学生在语文学习中达到认知、语言、技能和社会的学习。

第一节　全语文的原则

语文教学最重要的原则是让学生有机会使用语言，而不只是片段地抽取文章中的词语或句子来练习，如将课文的词语或句子抄写几遍，造句或当成考试项目。这类的练习或考试只让学生认识所教的字、词或拼音，学生看到这些字或许能念出，如未呈现其用法或给予使用的机会，这些字将随着记忆力的消退而越来越生疏。因此若要发挥语言的功效，要让学生有机会运用学会的语言或文字，做法是将这些词语串成一篇文章，或在课堂上鼓励学生表达，或谈论他们学习的事物，给学生问问题和回答问题的机会，通过写作写下发生的事情，或是看完文章、听完教师讲述后记录看到或听到的内容。

以下呈现三则运用全语文概念编成的学习单：

一、选五个词语造句或写短文

恐怕	不由自主	搔首弄姿	挤眉弄眼	多姿多彩	贪得无厌	赞不绝口	兴高采烈	不辞辛劳	两腿发软	龇牙咧嘴	夺门而出	神乎其技	四面八方	闪电大作	无怨无悔	舍身为国	心存感激

二、请利用下列成语编成一篇短文（约50字）

"前所未有""姑且一试""以身作则""迟疑不前"。

> 柔儿（姐姐）、小晶（妹妹）是一对父母双亡的姐妹。父母逝世后小晶忽然出现抽烟、吸毒、逃课等行为，她这些行为都是 前所未有 的。柔儿想，难道是我带坏了小妹？我应该 以身作则 才对。但小晶还是依然故我。
>
> 一天，柔儿在路上捡到一张"健康心理辅导"的传单。柔儿 迟疑不前 ，因为以前她朋友的母亲也拿到一张来路不明的传单，但去了只是赔钱。柔儿想，这也是一个机会，不妨 姑且一试 。结果治疗了一个多月后，小晶大有改进。

三、语文第二册第六课《背影》

（一）主题分析

本课单元主题《背影》可归类为哪一类型的主题（季节、动物、人、物、诗词及励志类）？

（二）问题

1. 这一课谈到父亲，请用五个成语来描述你的父亲。
2. 写下相似的词语并造句：

祸不单行

蹒跚

差使

"光景是一日不如一日"

笔触

3. 全文分成几段？每一段的段落大意是什么？哪几段是叙述现在的事？哪几段是叙述过去发生的事？
4. 指出本文的文体：诗、抒情文、记叙文、议论文？
5. 请指出下列句子用的是哪一种修辞方法（反语、象征、衬托、设问）使文章曲折变化。

我那时真是聪明过分（　　）

我这样大年纪的人，难道还不能料理自己么？（　　）

我最不能忘记的是他的背影（　　）

他给我做的"紫毛大衣"和他戴着"黑布小帽"，穿着"黑布大马褂"、"深青布旗袍"（　　）

6. 用下列词语写出一段文字。
父亲、差使、踌躇、妥帖、一股脑儿、东奔西走、勾留
7. 作者和父亲共说了五次话，内容是什么？
8. 作者共流了三次泪，为什么流泪？
9. 说出句子"暗笑他的迂"的含意。
10. 将句子改写但不影响原意：
父亲因为事忙，本已说定不送我，叫旅馆里一个熟识的茶房陪我，但终于不放心；颇踌躇了一会。

_____

_____

_____

11. 仿例造句：
将（橘子）（一股脑儿）放在我的（皮大衣）上，于是（扑扑）衣上的泥土，
_____
心里很（轻松）似的。

全语文教学认为语言学习的历程应该将听、说、读、写自然地整合在一起，而不是听、说、读、写各自为政。全语文建议写之前应先阅读，进入文章的情境后，再让学生写下故事或文章的大纲，如果文章适合编成剧本，就可以改编成有对话形式的剧本，安排学生进行角色扮演；如果无法编成剧本，也可根据内容提出问题，让学生讨论，写下讨论的结果，或画成海报上台表达。不只是语文课可应用全语文的概念，数学课或自然课也可通过讨论或操作记录得到结果。

全语文教学同样可通过设置语文学习区的方式来达到提供语言经验的目的。在阅读区，可放置一些和学生生活相关的书籍，以帮助他们建立对书本和故事的知觉；此外也可设立书写区，提供书写的工具（如计算机）和材料及各种书写练习。

全语文教学强调给予学生完整的学习，将不同的科目内容整合在一个主题之下，打破科目间的藩篱，用各种活动来呈现主题内容，让主题变得有意义，如在主题教学中安排语言使用、角色扮演、画画、访问等活动，这样的教学能提供学生全方位的语言经验，也让语言学习跨科目。因此，全语文教学可通过主题教学来完成。

第二节　全语文教学的步骤

全语文教学的概念不只是用在语文领域，也适用于其他学科。全语文教学的步骤如下：

1. 导入：用图片、音频、视频、故事等活动引导学生进入主题情境。
2. 阅读：阅读与主题相关的文章或书籍。
3. 倾听：倾听教师介绍教材的内容、文字、插画、主题。
4. 讨论：讨论主题，深入研究内容及感想。
5. 延伸活动：可以通过角色扮演、制作海报、写作、辩论、搜集资料等活动将所学延伸及整合。
6. 展示作品：展示创作内容并给予表达机会，增进学生学习动机。

第三节　阅读理解

全语文教学的另一重点就是学习者要知道自己学到了什么，并且了解自己是如何学到的。因此，教师在教学告一段落时应让学生谈谈自己学了什么、读了什么、写了什么，即阅读时要了解所读的内容，阅读才有意义，写作也必须复述自己所写的内容，确定是可以理解的。为了做到这些，教师除了讲述外，还需设计故事图（story map），以了解学生是否能充分理解及运用所获得的信息。简言之，全语文教学强调听、说、读、写是统整而不是分离的，学生听完、阅读完，还要说以及写出听到、看到及读到的内容。学生能真正理解阅读的内容时才算是真的阅读。

故事图通常用来评估对阅读的理解，运用故事图的结构，可将每一课视为一篇故事，问学生问题，以求更深入地探究课文内容。故事图常问的问题如下：

· 角色（人物）：做些什么、为什么做、什么时候、连接成句子、关键字？
· 事件（问题）（地点）：发生什么事、为什么（前因）、后果、参与的人？
· 事件发展及过程、企图？
· 结局？
· 感想：学到什么？

以主题"鲁班学艺"为例，可将故事重点做成故事图（图5-1）。

· 角色（人物）：鲁班及老师傅。
· 事件（问题）（地点）：鲁班拜师学艺。

· 事件发展及过程、企图：要通过三个考验。
· 结局：老师傅收鲁班为徒，鲁班发明很多东西。
· 感想：有志者事竟成。

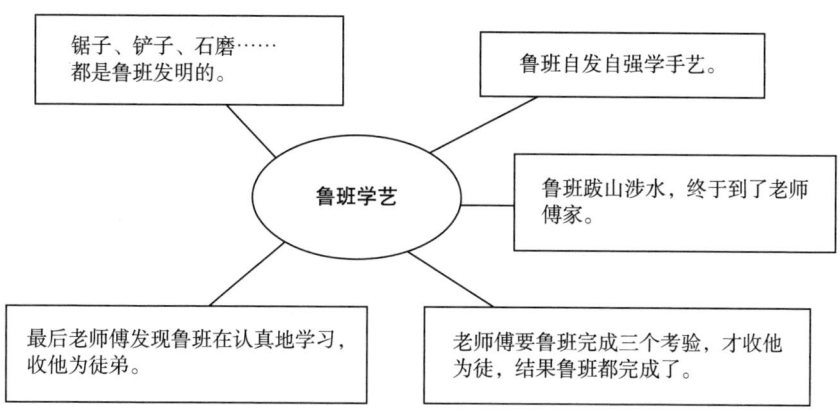

图 5-1 "鲁班学艺"故事图

根据故事内容回答下列问题：

1. 学习新的事物时，自发性的方式和强迫性的方式有什么差别？哪一种态度比较好？
· 一个是自己心里想要做的，另一个是自己心里不想做，可是一直被别人逼的。
· 自发性的比较好。

2. 请简述老师傅的三项考验。
· 修理一些数十年没用过的工具。
· 把又粗又高的百年老树铲倒。
· 把树干做成圆圆的梁柱。

3. 鲁班最后为什么会成功？你觉得鲁班有什么优点值得你学习？
· 鲁班学习工匠手艺的决心和毅力，感动了老师傅。
· 做事要有决心和毅力，而且不要半途而废。

以主题"树"做故事图时，可问学生下列问题：
· 这个故事的名称是什么？
· 这个故事发生在什么季节？
· 到底是谁在敲宽宽和容容家的门？
· 宽宽和容容做了什么事使老树很舒服？
· 当树公公把宽宽和容容抱起来时，作者形容树公公像什么在保护大家？

第四节 教师访谈

问：请问您认同全语文的看法吗？

答：全语文的概念挺好的，主要是让学生在生活中能应用语文。以前写作文时，教师可能只告诉学生这一节是作文课，作文题目是《我的志愿》。教师的教学方法也只是引导学生，如第一段应该写什么、第二段应该写什么，这样架构会比较完整。而现在的全语文概念，是要让学生觉得自己有写作文的需要。例如，教师不会直接告诉学生这一节要写作文，教师可能会制造一些情境，如昨天有一名同学生病没来上学，我们上课有谈到一些东西，是不是今天每一个同学都把你们昨天讨论的东西写成一封信，然后寄给那名同学让他知道我们上课在上什么。

利用生活中的一些情境，如我们生活中会做些什么事需要写信、上网写电子邮件……生活中如果要买菜，要列一张菜单，或是煮菜要看食谱，就是从生活情境中去找一些文字的东西、语文的东西，让学生觉得自己写这个东西是有用的，他就会想要写。

或者看课外读物，有些人有写摘要、做笔记的习惯，有些人有写日记的习惯，也可以让学生练习做这一部分。就是不要让学生觉得写东西是很刻的，而是让他觉得现在需要写，所以教师制造一些情境，学生就会觉得没有什么负担，只是把自己的想法写出来，目前多是朝这个方向去做。

现在也很鼓励阅读，多读课外书，如开展读书会，班上如果有书，就可安排学生阅读时间。例如，上学期在三年级有让学生写阅读日志，没有每天写，一个星期大概有三天早上视时间让学生自由阅读，阅读完大概剩下十分钟时间就写阅读日志，不用写很多，学生可以写刚刚看了什么书，如果有的书比较厚，就写看的哪个章节，感想是什么，大致写一下。教师的反馈很重要，学生看到教师写的反馈，可能就会激发再次写作的动机。

第六章 合作学习在融合班的应用

在今日各行各业普遍强调分工的社会趋势下,常常只强调"分工"而忘了"合作"的重要性。合作学习是基于传统学习过分强调竞争的缺点而设置的,希望在教学环境中促进更多的合作行为,以提高学生的学习成就并增进学生的社会技能。合作学习不仅对普通学生而言是一个很有效的学习策略,也适合轻度障碍者在普通教室中学习。

莎兰和拉塞尔(Sharan & Russell, 1984)认为合作学习是将学习内容再设计,允许学生在小组内分工合作,结合学科及社会互动层面,提供给学生奉献自己力量的机会,以增进小组成员个人的进度,并分享共同学习的喜悦的一种方式。

第一节 合作学习的要素

斯莱文(Slavin, 1978)认为合作学习是一种让学生在小型合作团体或小组中一起工作以达到熟练学习的学习策略。约翰逊和约翰逊(Johnson D W & Johnson R T, 1994)则认为合作学习包含相互依赖、面对面沟通、个人绩效责任、小团体及人际技能等五个要素。综合上述分析,合作学习的特色如下:

· 兼顾团体目标及个人绩效责任。斯莱文提出合作学习需达到两种目标,一为团体目标,一为个人的绩效责任,需熟悉每个人所分配的部分,且每个人对组员的进步提供反馈、鼓励及帮助;个人分配的工作与小组工作相结合,个人的努力会对团体产生影响。

· 鼓励和相互依赖。所谓相互依赖是你需要别人、别人也需要你,学生在合作学习的情境下,体会到彼此间相互支持、有福同享、有难同当,承担彼此的学习责任,组员相互帮忙和鼓励以确信每个人都能完成其分内的工作。

· 鼓励同伴互动。以往的教学多流于教师对学生的单向沟通,鼓励学生安静、自制,不鼓励学生彼此讨论。学生间进行面对面的沟通,通过各种互动方式及语言交流,才能增进彼此依赖和关心,进而影响教育的结果。

· 强调小团体及人际技能。强调合作、人际关系增进、同伴间的感情,教导学生如何一起工作、称赞、问问题及协助他人学习。

· 重视团体历程。让学生体会组成团体的过程及熟悉团体的运作。团体历程指给予学生适当时间及过程去分析小组运作及使用社会技能的情形,强调自我检视及不断进步与成长的重要性。

·组成异质性的小组。合作学习通常采用 2~8 人的异质性小组,以增进学生的认知技能及社会技能,如将不同能力、性别、背景的学生分配在同一小组中一起学习。

·合作学习团体进行活动中,教师会观察每个小组成员的表现,分析问题和提供给学生反馈。

·合作学习团体教师给学生时间去讨论小组活动进行的情况,而在传统学习情境中,教师很少注意这些,甚至不鼓励在课堂上交谈。

合作学习很受致力于推广融合教育者的支持,因为合作学习需要建立在合作的基础上,这包括分享、认识差异、共同合作和完成共同目标等。合作学习也让学生有机会接受和"排排坐"、传统的听讲与抄笔记以外的上课方式,所以,合作学习可以符合较多学习风格的需求,以及适合异质性高、多种学习特质的团体。综合以上定义,合作学习乃是一种有结构、有系统的教学策略,能适用于不同的年级及不同的学科领域。在合作学习中,教师依学生的能力、性别、背景等特质分配学生到一个异质性小组中,鼓励互相协助,除了达到个人的学习效果外也达成团体的目标,公平地对待每个成员,对特殊学生不需过分奖励,以免其他同伴视之为特殊分子影响合作学习的实施。鼓励每个学生在学业上和自己比,也要确定小组中的每个人都有机会达到其学习目标。

第二节　合作学习与竞争、个别学习的比较

在很多教室,教育多是以竞争为主,让学生处于赢或输的情境中,当有人拿了第一名,比第一名分数低的人就只能拿第二名以后的名次,也就是一人赢得头彩,其他人输了。学生为了拿到第一名,就形成竞争,竞争中只有少数能赢,在僧多粥少的情况下,大多数人不相信自己有机会赢,就放弃努力及向上的动机。解决之道是鼓励学生一起合作,共同完成一件工作,如大家一同来解题,当大家有共同的目标时,就不需互相竞争,而可竭尽所能、群策群力、互助合作。在这样的情况下,学生的成就或分数取决于每个人的努力及共同完成的结果,所有人都必须参与,即使是能力较差者亦必须承担工作,只是参与的方式是依其能力而定。因此在分配工作时,需给予适合每个人能力的工作,才能让每个人都有机会为团体贡献心力。

表 6-1 就合作学习、竞争学习与个别学习做了比较。

表 6-1　合作学习、竞争学习与个别学习的比较

	合作学习	竞争学习	个别学习
学习目标	目标是重要的。	目标对学生而言并非是最重要的，他们关心的是输赢。	目标对个人是重要的，每个人期望最后能达到自己的目标。
教学活动	适用于任何教学工作，越复杂越抽象的工作越需要合作。	着重于技能的练习、知识的记忆和复习。	简单的技能或知识的获得。
师生互动	教师督导、介入学习小组以教导合作技能。	教师是协调、反馈、强化和支持的主要来源。教师提出问题，明确规则，是冲突的协调者、正确答案的判断者。	教师是协助、反馈、强化和支持的主要来源。
学生间的互动	鼓励学生间互动、帮助与分享，属于积极相互依赖。	组成同质性小组以维持公平竞争，属于负面相互依赖。	学生间没有互动。
学生和教材间的互动	依课程目的安排教材。	为小组或个人安排教材。	教材的安排及教学纯粹为个人而设。
学习空间安排	小团体。	学生三人一组或形成小团体。	教材的安排及教学纯粹为个人而设。
课程评价	标准参照。	常模参照。	标准参照。

在传统学习强调竞争的结构中，学生是常态分配下的一点，学生彼此间是一种负向的相互依赖关系，唯有打败他人方能出头。因此，在个人学习的结构中，依个人的学习情况追求自己的目标，而忽略了他人的目标成就。然而在合作学习结构下，学生一起工作以完成共同目标，是一种利人利己的团体关系。

合作学习具有传统学习所没有的优点，其优点如下：

· 避免班级间不当的竞争，教导学生适当的竞争。
· 强调学习环境中同伴的合作。
· 让学生自由地参与学习的过程，而不是和同伴比较。
· 能增进小组成员分享，提高协助能力。
· 异质性团体可以增进普通学生及特殊学生的社交及认知能力。

第三节　合作学习实施策略

合作学习的实施策略非常多，最常用的有十种策略，每种策略又可以依据不同

的学生、科目设计不同的实施方式。以竹大附小融合班一至六年级共 6 个融合班的 18 名教师为施测对象进行问卷调查，回收的有效问卷共有 16 份。对问卷结果进行分析，教师使用最多的策略为"联合声明"，16 名教师中有 14 名教师使用过此策略；而教师使用最少的策略为"核心朋友"，只有 6 名教师使用过。以下将这十种策略使用的结果进行说明（易世为，2005）。

一、联合声明（roundrobin）

（一）步骤

1. 讲解：教师讲解。
2. 分组：分组并让成员准备自己要完成的工作。
3. 进行：使小组成员分别完成自己的任务。
4. 讨论：教师带领讨论。
5. 订正：学生进行订正。

（二）效果

1. 可促使学生表达自己的意见。
2. 可复习之前学习的知识。
3. 使写作富有创造力。

（三）例子：社会课——台湾东北方地理

1. 教师先用讲解的方式解说台湾东部地形，并且要求大家思考如何从台北市到花莲进行一次旅行，让班上每个人独自思考 30 秒。
2. 四个人一组，教师给每个小组成员一张空白地图及四种颜色的笔，教师指导第一个学生在空白地图的第一个城市上写上一段说明文，写完后传给右边的同学，再写一个城市，直到四人传完。
3. 教师将大地图投影给学生看，学生可以据此修改自己的地图。
4. 小组四人在地图上由起点开始画路线图，每经过一个城市就换一人接着画。
5. 画完后教师带领学生进行讨论。
6. 最后教师拿出正确的地图，学生进行订正。

（四）优点

1. 每个学生在小组中都会有同等的贡献及重要性，不会变成小组的某一两个人掌握大局。

2. 个人有独立思考的时间，可以发挥自己的意见。
3. 实施方式简单。

（五）缺点

1. 不适合能力相差太大的异质团体。
2. 团体的意见不易被整合。
3. 小组共同讨论的时间不多，无法产生足够的互动。

（六）结果

此策略中教师最常使用的是步骤 5 订正，较少使用的是步骤 2 分组和步骤 4 讨论。所有融合班教师认为此策略适用于语文课，大多数教师认为此策略适用于各种科目。而在使用时，部分学生可以投入地进行活动，但部分学生则会争吵、起冲突。教师在实施此策略时，最大的困难则是特殊学生能力较差，教师必须不断提醒他们完成任务，又要管理班级秩序，感到吃力。

二、思考—配对—分享（think-pair-share）

（一）步骤

1. 想：学生独立思考。
2. 讨论：学生将自己的想法与同伴进行讨论。
3. 问：教师要求每组提出意见。
4. 讲解：教师提供信息给学生。
5. 讨论：学生再讨论。
6. 表达：学生决定并提出自己的答案。

（二）效果

1. 通过课堂讨论，可以提高学生口语能力。
2. 学生有机会倾听其他同学的意见。
3. 提高学科技能，包括事实的回忆、听、应用、说、高层次的思考。

（三）例子：参考资料的整理及分类

1. 先让学生思考 30 秒如何依据主题分类。
2. 将第一步头脑风暴的结果写在一张表上。

3. 与同组的伙伴讨论自己的想法。

4. 教师在讨论完后要求每一组提出一种分类方式。

5. 教师给每个学生一张包含 12 个分类的讲义，并给 30 秒时间独自思考如何将东西分类在此 12 项下。

6. 再与同组伙伴一起讨论。

7. 教师要求每组确认自己的分类结果。

（四）优点

1. 可提高学生高层次思考的能力。

2. 与同组伙伴有较多的互动机会。

3. 使每一个学生有机会可以在小组中贡献自己的力量。

（五）缺点

1. 活动过程较为单调。

2. 使用范围不广。

3. 小组人数只有两人，不易接受多样的信息。

（六）结果

此一策略中教师使用最少的是步骤 2 讨论，其余步骤使用的频率差不多。此策略的实施，大多数教师认为学生反应热烈，并且乐于讨论，但也有教师认为特殊学生很少参与，通常为几个较有能力的学生发言，特殊学生被排除在讨论之外。

三、编号并集思广益（numbered heads together）

（一）步骤

1. 复习：教师口头复习。

2. 分组：将每个学生编号。

3. 讲解：教师呈现教材。

4. 讨论：学生讨论，并确定每个成员都学会。

5. 问：教师抽号码点学生上台报告。

（二）效果

1. 可鼓励学生复习之前习得的材料，并准备学习新的知识。

2. 在此活动中，学生先在较小的组中和伙伴讨论，综合出一致的意见后，再在较大的团体中分享小组的意见。

3. 增加集中性的思考、倾听、回忆，并可确认自己了解的程度。

（三）活动步骤

1. 教师在课堂上做口头复习。
2. 四人一组，每个人编号 1~4。
3. 教师在投影仪上显示一小段会话，并大声念出来。
4. 每组花一分钟翻译会话，并确定每个成员都会读。
5. 时间到，停止讨论。
6. 教师叫号码（1~4），被叫到号码的学生要口头将会话念出来。
7. 重复 3 到 6 的活动步骤，直到全文翻译完。

（四）优点

1. 适合成员差异性较大的小组。
2. 所有成员皆可达到相同的学习目标。
3. 每个成员需承担自己及其他组员的学习成果。
4. 增加集中性的思考。
5. 适用于各种科目的学习。

（五）缺点

1. 小组中较有能力的组员的意见可能会盖过其他组员的意见。
2. 小组成员若有能力较差的，其相同的目标可能不适用，教师需调整评估方式。

（六）结果

五个步骤的使用频率接近，意味着每个步骤教师都能使用到，大多数教师认为此策略适用于语文、社会课。在教师实施此策略后的反馈中，消极的结果约占一半，大多为学生反应平淡、不专注。教师遇到的困难是没有发言的学生秩序不易管理，教学时间太短，不能确定每个学生都能学会。

（七）调整方式

1. 请被叫到的学生全部都用非口头的方式做报告，可以用手语、手势或表演的方式回答问题。
2. 请两个学生一起做报告（"我想请每一组的 2 号和 4 号一起做报告"）。

3. 请学生把整组的答案整理并写在纸上，然后让被叫到的学生做报告或交给教师。

四、两人一组，互相讨论（pair check）

（一）步骤

1. 讲解：教师讲解。
2. 分组：学生两人一组。
3. 预习：教师发学习单给学生预习。
4. 进行：小组一同完成学习单。
5. 讨论：完成后小组与其他小组讨论答案。
6. 订正：教师公布答案，学生订正答案。

（二）效果

1. 可以在各种领域中实践以往所学的技能。
2. 在此活动中，学生可以与伙伴讨论出解决问题的方法。
3. 可以促进学生互助、互赞，用语言表达认知行为。

（三）活动步骤

1. 教师提供一小段关于主题的讲解。
2. 学生两两配对分组，教师发学习单给每个学生，学生有30秒的时间阅读。
3. 学生与自己的伙伴一起完成学习单。
4. 完成学习单后，两人小组可以与其他小组讨论自己的结果，并检查自己的答案。
5. 教师公布正确答案，学生可以比较自己与教师的答案。

（四）优点

1. 适合使用在知识性的学科上。
2. 小组的范围可以不断扩大，增加社会互动的机会。
3. 小组成员少，因此每位成员对于小组的贡献都很大。

（五）缺点

1. 评估不易。
2. 较耗时间。

(六)结果

教师使用最少的是步骤 3 预习,最多的是步骤 2 分组和步骤 4 进行,教师普遍认为适用于语文课。教师对此策略虽也有消极反应,但相较于"编号并集思广益",教师对此策略反应较佳,认为此策略可以兼顾特殊学生及学生订正答案时会比较仔细。实施的困难大多是因为普通学生需协助特殊学生,所以有的教师认为可以将两人一组改为三人一组,其中一人为特殊学生,如此可以分担普通学生照顾特殊学生的责任,也符合班级普通学生与特殊学生的比例。

五、核心朋友(focus friends)

(一)步骤

1. 想:在放影片前先发一张有导读题目的单子,给学生思考。
2. 讨论:小组讨论导读单上的题目。
3. 进行:看影片。
4. 讨论:小组讨论,并针对题目写下答案。
5. 讨论:教师带领讨论。

(二)效果

1. 通过教师演讲、影片欣赏、指定阅读以及摘自电视频道的信息增进学生对信息的注意力。
2. 此活动可以集中学生的注意力,做到听、说、摘要及高层次思考。
3. 活动提供学生与同伴讨论他们所得的信息的机会,然后概括这些信息并书写下来。

(三)活动步骤

1. 放与主题相关的影片给学生看,教师在之前发给学生一张上面列有导读题目的单子,方便学生一边看影片一边思考。
2. 看影片前,三人一组用三分钟时间讨论单子上的问题。
3. 每个人独自思考单子上的问题,但先不写下来。
4. 学生回到自己的小组,一起讨论答案并写下来。
5. 时间到,教师带领讨论。

（四）优点

1. 教学材料多样化，易维持学生注意力及兴趣。
2. 独立思考与团体头脑风暴并重。

（五）缺点

无法确定小组成员是否有相同程度的参与。

（六）结果

五个步骤使用的频率相同，教师普遍认为适用于语文、社会、生活、数学各科，自然则较少提及。教师对此策略的效果持积极看法，普遍认为学生会参与讨论，参与较为热烈。教师觉得实施此策略的困难较少，唯独特殊学生对于需要深入感受的影片较难参与讨论。

六、团体写作（group writing）

（一）步骤

1. 讨论：教师带领学生讨论与主题相关的知识。
2. 写：学生写自己的想法。
3. 分配：教师分派成员工作，包括记录、校对等。
4. 进行：小组完成文章。
5. 表达：学生分享文章，让其他同学提意见修改文章。
6. 订正：小组进行文章修改与订正。
7. 完成：所有成员签名以示文章完成。

（二）效果

1. 促进创造性及说明性文章的写作。
2. 促进批判性思考。
3. 学生可以从同伴的经验及知识中获益。
4. 可训练写作、口语能力以及学会尊重别人的成果。

（三）活动步骤

1. 教师带领学生讨论与主题相关的知识，并且指导他们讨论相关的文献与资料。
2. 发给每位同学上面写有问题的讲义，给他们五分钟的时间思考问题，此时学生可以写下任何与此主题有关的想法。

3. 教师分配每组成员的工作，包括记录、校对、研究、内容编辑、语法订正。

4. 小组中所有人分享自己刚刚的想法，但所有人分享结束前不要进行评论。

5. 小组采用上述分工将所有的想法结合成一篇有意义的文章。

6. 时间到时，每组的编辑大声念出自己小组的文章，并有 30 秒的时间让其他同学提出改进意见，重复第 4 到 5 的活动步骤，直到教师结束此活动。

7. 文章完成后开始进行校对，校对者仔细阅读文章，研究者确认每个重点是否需要再次明确，编辑和记录者协助他们完成。

8. 所有小组成员同意之后，文章才算完成，每个人签名。

（四）优点

1. 小组成员分工仔细，可培养学生对自己工作负责的精神。
2. 鼓励发散性思考，培养学生创造力。
3. 有成品产生，可增加学生学习的成就感。
4. 评估较为方便。

（五）结果

教师最常实施的为步骤 1 讨论，最少的是步骤 7 签名完成，其余步骤都有使用，可见教师可以依据各个步骤实施此策略，唯有在结束的时候，较少使用所有成员以签名的方式完成作品这一步骤，所有教师皆认为此策略适用于语文课。本策略使用的效果可以引起学生的兴趣，促进合作，每个人有自己的责任，所以可以培养他们对工作负责的精神。教师对此策略大多是积极的态度，较少有消极的反应，教师所遇到的困难为特殊学生难以参与、写作能力差，但是可以让特殊学生承担较为简单的工作，亦可以参与团体写作。

七、读与说（read and tell）

（一）步骤

1. 预习：教师帮学生预习阅读材料。
2. 读：学生自行阅读。
3. 分组：学生分组并分配工作。
4. 表达：小组成员轮流发表感想，并轮流做记录。
5. 讨论：教师带领讨论。

（二）效果

1. 有效地提高学生在书本中学习信息的能力。
2. 学生可借此活动练习概括、理解、回忆及倾听的技能。

（三）活动步骤

1. 教师先对学习材料提供口头上的概述，并要求学生在阅读的时候用笔记下阅读材料的重点。
2. 学生自行阅读。
3. 学生分组并分配工作，一个做记录，另一个回想。
4. 学生思考阅读材料的特色介绍，一人确认其特征，其他人记录他的想法，此角色会轮流交换。
5. 时间到。
6. 教师讨论学生提出的特色，学生可以在讨论期间修改自己的写作。

（四）优点

可引导学生深入阅读文章，使学生习得阅读技能。

（五）缺点

1. 学生需要有基本的阅读能力才能参与。
2. 小组成员间的互动与讨论时间不多。
3. 活动过程较为单调。

（六）结果

教师使用频率最高的是步骤 2 读和步骤 5 讨论，最少的是步骤 3 分组，教师认为较适用于语文及社会课。学生对此策略的反应积极多于消极，教师认为读与说策略可以激发学生热烈讨论，让学生认真阅读，但也有教师认为班级中可以参与讨论的学生是少数，特殊学生不易参与讨论。教师在实施此策略时，最大的困难还是在于特殊学生阅读与写作能力差，无法把自己的感想记录下来，但在活动进行中不愿意合作的情况在此策略中较少发生。

八、玻璃鱼缸式的小组合作（fishbowl small group collaboration）

（一）步骤

1. 讲解：教师定讨论题目。
2. 分组：学生依据自己的意见分组。
3. 讨论：每个小组进行讨论。
4. 表达：每个小组派代表陈述意见。
5. 记录：全班同学听取所有陈述并做笔记。
6. 写：小组整合大家意见完成小组报告。

（二）效果

1. 可促进学生批判性思考。
2. 可促进学生自发性的对话。
3. 可发展学生整合信息的能力。

（三）活动步骤

1. 教师制定一个问题作为讨论的主题（如湿地应保护还是开发？）。
2. 学生依据对此主题的看法进行分组，看法相似的分为一组。
3. 每小组讨论可以支持自己想法的理由及依据。
4. 每组派一个代表到教室中间。
5. 每组代表轮流陈述自己小组的意见。
6. 全班一同听取每个代表的意见，并做笔记。
7. 意见全部陈述完后，组员回到小组，共同写出一份对此主题的报告。
8. 此份报告也可以由每个人分开撰写，作为个人成绩。

（四）结果

教师最常使用的是步骤3讨论，较少使用的是步骤5记录和步骤6写。教师认为语文、自然、社会、生活、健康课适用此策略，但语文和社会课中各有三名教师使用此策略最多。使用过此策略的教师普遍认为在此策略中学生反应较好，可以促使学生开展热烈的讨论，也有教师提出不了解此策略实施的方式是什么，所以未作答。可见实施此策略尚存在困难，就是不了解此策略的意义与方法，不易实施。

九、过关游戏（collaboration through learning stations）

（一）步骤

1. 设关：各关卡的设计需符合四个原则：可选择的、多样性、可以让学生操作、可以产生互动。需根据班级大小来设计关卡数，一般以 4 人一组为最佳，如果一个班有 24 人，分为 6 组，则可以设 6 个关卡。每组都要参与全部的关卡，组数和关卡数一样就不会发生有的组没有关卡可去的情形。

2. 分组：为了避免某一关卡人数过多，游戏开始前，每一组选择不同的关卡开始，可以由教师决定也可以由学生抽签决定；游戏开始后，根据各关卡中各组的参与和完成情况决定后面的顺序。

（二）例子：英文课

1. 关卡一：每个学生从教师提供的故事内容中选出一个词语，根据自己选出的词语写出这个词语的定义并造句，将自己写的定义与句子与同伴分享，和同伴比较彼此的答案。等所有学生结束过关活动后，再将这些分享给所有同学。

2. 关卡二：每个学生写下自己对故事结尾的预测，小组列出一张每个组员预测的表，同一小组的学生比较每个人写下的预测，并由小组选出一个看起来比较合理的结尾。

3. 关卡三：提供一些问题给学生去探索，每个人设计一张图画说明故事中遇到的问题。学生保留自己设计的图画，以便后期与其他人讨论、分享。

4. 关卡四：学生可以将故事改编成一小段剧本，小组所有成员都分配一个角色来扮演这个故事的中的人或物。

（三）结果

过关游戏中使用频率最高的是步骤 1 设关，教师依据人数规划关卡的数量，最少的是步骤 2 分组，可见教师在实施过关游戏时，较少让学生自己选择从哪一关开始，而是由教师分配。大多数教师认为此策略可以用在评估上，也有教师认为此策略适用于数学、自然课，约一半教师认为此策略适用于所有的科目。教师普遍认为此策略可以让学生感兴趣，激发学生参与评估的动机。

十、探索学习（inquiry learning: the learning cycle）

（一）注意事项

本活动是一系列的合作活动，最后小组会完成一个作品，这项活动可以鼓励学生建构先前的知识与经验，并结合教师所教的新知识去解决问题。

（二）基本特色

探索学习有以下四个基本特色：
1. 这是一项复杂的学习。
2. 这个活动与解决问题有关。
3. 不需要给予正确解答。
4. 是一个有弹性的活动。

（三）步骤

1. 问题：创造情境或是选择需要学生解决的问题。
2. 分组：选择小组成员。
3. 想：鼓励学生做假设。
4. 表达：强调一个问题可能有很多种解决方法，而且这些解决方法都可能有其优点，阐述解决问题的方法。
5. 讲解：当学生在验证他们的假设时，教师应该成为他们新信息的来源者与向导。
6. 应用：创造一个活动，让学生可以应用他们已经习得的知识，增强学习的效果。

（四）阶段

1. 阶段一：探索

教师假设一个情境或问题让学生解决，学生利用先前的知识建立一个关于这个问题的假设。例如，教师提供给学生一些有错误句子的文章，学生可以是一个人、两人一组或是小组方式来回答问题，仔细阅读完每个句子之后，问自己这个叙述是否符合逻辑，并解释自己为什么这样认为。

另一个例子为教师要求学生用英语写出从学校前面停车场到火车站最快的路线，问题：有一个人在学校外面拦住你，他问你从这里该怎么走到火车站，利用你的英语基础，写下你给他的指引。

2. 阶段二：创造

学生与全班同学分享他们的假设，教师利用一个简短的演讲提出一些新的概念来增加学生的了解。例如，教师带领学生讨论阶段一的句子，学生提出自己对这些句子的意见，他们可以为自己的看法做辩护，以及提出可替换的字。接着，教师进行一个短的演讲，为学生解释句子中出现的四种错误类型。

另一个例子中，学生跟全班分享他们写出来的指引，教师选出几篇贴在黑板上。教师带领学生利用指南针来指引方向，问学生有哪些字会是他们在指引方向时需要用到的，如东、南、西、北、左、右、高速公路、路标等。

3. 阶段三：应用

学生将他们获得的新信息加入到先前的知识中，去解决问题或是根据先前的探索与讨论制订一个计划。例如，学生分析《一只脚的鹤》这篇文章的错误，并将他们认为的错误写成一份报告。

另一个例子中，教师提供给学生一些卡片，每一张卡片上有不同的目的地，但都在学校内，学生要写出如何到目的地的指引，但是不能透露目的地是什么。写完之后交换每个学生所写的指引，拿到别人写的方向指引，学生便可依据此指引去找出目的地，然后告诉教师答案。如果答案正确，教师就可以拿那张目的地的图卡给学生看。

4. 阶段四：延伸

学生两人一组，分别写出这四种错误类型的例子，再把自己写的例子与其他组交换。拿到新的例子，分析这些例子是哪种错误形式。每个学生从八个例子中选取两个，重新撰写这个例子的句子，使句子符合逻辑。

（五）结果

此策略中教师最少使用的为步骤2分组，可见教师较少选择小组成员，可能是按照学生自己的意愿来分组。而步骤3想、步骤4表达、步骤5讲解的使用频率最高，综合所有教师的意见，得出此策略也适用于各种科目。教师对此策略的使用反应积极，普遍认为使用此策略时学生反应热烈且积极发言，没有教师提到学生有负向的反应。

教师带领探索学习需要准备相当多的资料，才能引导学生学习及明确观念，这对平常工作繁忙的教师来说是一项负担。除此之外，探索学习的实施也不容易，教师需要不断地协助小组中的特殊学生，这是一个实施不易、但效果卓著的策略。

在融合环境中，学生能力差异大，因此以上所述十种合作学习的策略并非全部适用，如"联合声明"和"读与说"。而某些活动虽可以在融合班实施，但也需要教师做某些程度的调整，例如，"两人一组，互相讨论"的小组活动中，能力高的同伴往往需带领能力较低的同伴，两人差距过大，因此可以改为三至四人一组，由两个能力高的同伴带领一至二个能力低的同伴进行讨论，并且教师需将能力较低的学生在小组中的参与程度与学习结果列入评估；此外，团体中能力高的同伴常需花时间来带领能力低的同伴，因此教师宜给予小组较多的时间进行互动，教学方式也应该更为活泼，以维持特殊学生的注意力及兴趣。教师的指导语应明确，以免学生不知道自己该做什么事情。因此，以上十种合作学习策略中，较为适合融合班的为编号并集思广益、团体写作两种。

第四节　如何组成合作小组

和其他传统学习活动不同的是，合作小组同时提供了训练学业及社会技能（如合作与轮流）的机会，当然小组间合作完成报告的正确性也需列入评估。鉴于合作学习的优点，教师应尽量改编现有的课程及教材，以提供给学生合作学习的机会。

当普通学生及特殊学生放在同一组时，对普通学生及特殊学生设定的目标如下：

◎普通学生

· 能向同组成员解释相关概念及不了解之处。
· 能耐心倾听同组成员的分享并容忍彼此的差异。
· 能组织搜集到的材料。
· 能容忍及协助处理问题行为。
· 能获得学业及批判思考能力。
· 能感受到成就感。
· 能协助同组成员完成工作。

◎特殊学生

· 能和同组的普通学生互动。
· 能表现适宜的行为。
· 能增进日常生活技能。
· 能练习沟通技能。
· 能参与问题解决。
· 能组织材料。
· 能参与讨论。

- 认为自己是小组的一分子。
- 能增进自我学习技能。
- 能寻求协助。
- 能增进合作技能。

在计划合作学习小组活动时，需先考虑课程的目标，再考虑学生要如何分组、如何分配工作及评估学生的进步。对融合班的学生而言，具有合作性质的作业或报告是最重要的。分组前要先了解学生的能力，不管分成几组，每组的能力应该相当，若让普通学生全在一组，或是特殊学生全在一组，就会造成组与组之间无法公平竞赛，最好是每组都有普通学生及特殊学生，各组间能力相当，才能进行组间的比赛。分组时，每组人数也不要太多，这样每个人都可以分配到工作，分配工作时要依据每个人的能力来分工。例如，当同组的特殊学生不能写字，但能折纸及粘贴时就可以分配给他们折纸及剪贴的工作，让每个人都对团体有贡献。当小组中每个人都有参与及成就感时，每个人才有依赖感，才能互相扶持，共同完成一项工作。合作小组不但可增进学生学业的学习，也能提高与人合作及沟通的能力。表 6-2 为融合班组成主题报告合作小组时，小组的工作分配表。

表 6-2　主题报告小组工作分配表

主题：

工作内容	负责人	预计完成日期	执行结果
搜集资料			
整理资料（大纲）			
写报告			
输入电脑			
封面封底设计			
制作插图			
准备成果呈现（画海报）			
担任报告人			

至于如何组成合作小组，则可依据下列方法：
- 提供学业及合作两种目标。
- 每组学生 4~6 人，人数及成员组成可随教学科目做不同调整。
- 每组都要有特殊学生。

- 每位小组成员学习协助及支持的技能。
- 让每个成员有事做。
- 每个人分担至少一种角色。
- 每位成员都要贡献点子及分享材料。
- 建立评分标准。

第五节　合作学习的评估

为了评估合作小组的成效，可以在合作小组完成任务后请小组成员填写合作小组评估表，以下是两种合作学习评估表范例。

一、合作学习情形检核表

表 6-3 是进行小组合作时，检核小组成员合作学习的情形。

表 6-3　小组探究式合作学习情形检核表

	项目	表现优异	做得很好	做得不错	可以更好	需要加强
1	我对小组分配的工作都能完成。					
2	在小组活动中，我能接纳别人的意见。					
3	我会主动和小组同学共同讨论。					
4	我能接受小组所做的决定。					
5	我觉得小组中的每一个人都很重要。					
6	我愿意和小组同学分享得到的成果。					
7	我会帮助小组其他同学，完成共同的工作。					
8	在讨论活动中，我接受同学的建议。					
9	当我和小组有意见冲突时，我会尝试妥协。					
10	我愿意和小组成员共同完成其他的工作。					

二、合作学习评估表

使用开放式问题回答小组合作学习的情形及遇到的困难，如表 6-4 所示。

表 6-4　合作学习评估表

组别：独角仙组

合作学习评估表
1. 小组成员：4 人。
2. 小组工作：合作完成报告、合作完成学习单。
3. 在合作小组中，你觉得你的小组遇到什么问题： ・意见不合。 ・完成时间太短了；很多人生病；大家都有自己的意见；要把大家的时间集中起来很困难。 ・有人不帮忙，所以完成报告很慢。 ・组员不配合，惹组长生气。 ・吵架；找不到资料；一直不停地玩、说话；不专心。 ・不太会写字；看不懂资料；有人不专心。 ・不知道哪些水果的籽可以吃；分不清楚竹子和甘蔗。 ・有人是害群之马，不做主题报告。 ・放错东西；做错海报；剪错东西。
4. 成员从合作小组中学到什么知识？ ・知道独角仙是什么。 ・学会做海报。 ・学会画独角仙。 ・学到 100 种独角仙。 ・独角仙不是锹形虫。 ・独角仙的天敌有好多。
5. 列出成员参与合作小组学到什么？如如何做报告、与人合作、如何分工。 ・互相帮忙，要用讨论的方式才能解决问题。 ・学到如何做海报及统计表。 ・学到如何运用社会资源，和大家合作努力完成自己研究的部分。 ・学到全组研究的内容和如何完成一份报告。

第六节　合作学习课程范例

合作学习课程应如何进行，可见以下范例：

一、小学社会课合作小组活动计划

＊领域／科目：社会。

＊主题：选举。

＊活动目标：

・能剪与"选举"这个主题有关的图片。

·能将剪下的图片贴在剪贴簿中。
·能看图说故事。
·能制作成书，能将书装订。
·能定主题名称。

＊分组方式：采用异质性团体分组。

＊分工：每组成员都需剪贴至少一张图片，以完成指定的主题，贴好后一起编故事。

＊通过标准：普通学生、特殊学生都要参与，并制作一本剪贴簿。

＊目标：增进社会技能中的轮流及专注度，如能参与或坐在位子上多长时间。

＊针对特殊学生所做的调整：不会用剪刀的特殊学生可以帮他剪，不会写内容的特殊学生可以帮他用盖印的方式或别人写好让他贴上去。

＊评估重点：社会技能评估、个人部分作品、小组作品、个别化教育计划项目的评估及完成本活动达到的目标。

二、初中社会课合作小组活动计划

融合班七年级社会课合作小组活动计划

主题	地理：彩绘台湾风情		教学时间	90分钟
单元	单元二：交通——天涯若比邻		教学日期	3月14日
教学者	A老师		教材来源	南一版初中社会（第二册）
教学步骤	学习活动	教学目标	时间	教学资源
全班授课	＊教师利用"高屏大桥断裂与修复后的景观"图片，问学生为什么人们需要建造桥梁？桥梁断裂会如何？ ＊教师说明因为自然环境（如地形）不连续，使得人们往来受阻，而人类本身有互相联系的需求，因此发展出各种交通形式。 ＊教师由交通的目的（互相联系）要学生想一想交通包含哪些种类，引导学生回答交通分为运输和通讯两种方式。	·能了解交通是为了让人与人互相联系（普、特）。 ·能说出交通的类型包含运输和通讯（普、特）。 ·能说出运输包含陆海空等（普、特）。 ·能说出各交通类型间的差异（普）。 ·能了解通讯的意义（特）。	35分	课本、课文图片PPT、电脑

续表

教学步骤	学习活动	教学目标	时间	教学资源
全班授课	* 教师告诉学生交通在生活中无所不在，我们常见的各种管线也是交通的一种。 * 教师出示"地铁车站进出人数图"问学生有没有坐过地铁？从哪坐到哪？ * 教师说明"节点""连线"与"交通网络"的概念（交通要素之间关系的说明，在小组讨论中学习）。	·能了解各种管线也是交通（普、特）。 ·能说出构成交通的要素（普、特）。		
分组学习	* 各小组进行角色分配。 * 教师发下讨论提纲，说明学习任务： ·运输方式有水运、陆运、空运三种，它们的特性很不相同，想一想什么情况下使用哪一种运输方式最适合？为什么？（提示：考虑金钱、速度、地形等因素） ·看"地铁车站进出人数图"，想一想为什么有些站进出的人数多、有些人数少？影响的原因有哪些？ ·看"台湾班机每周航线、时距、班次示意图"，哪些节点的连线数量最多？为什么？节点和连线存在什么关系？ ·为什么台湾早期以港口为主的交通方式会逐渐没落？ * 小组讨论时，教师提醒小组成员倾听、礼貌发言，以及教导特殊学生，以达到小组共同利益。	·能了解不同运输方式的特性（普）。 ·能说出影响节点规模的因素有哪些（普、特）。 ·能了解各交通要素间的关联（普、特）。 ·能知道港口没落的原因（普、特）。 ·能与小组进行讨论（特）。 ·能教导与协助同组特殊学生学习与讨论内容（普）。	20分	讨论提纲
小组发言	* 教师带领讨论，请各组推选代表发言，各组代表针对小组讨论出来的结果做简短的报告。 * 每次应轮流发言，特殊学生可由同组同学协助报告。	·能上台报告小组讨论的结果（普、特）。	5分	
教师总结	教师针对学生讨论出来的答案进行总结与补充。		10分	
团体历程	* 小组共同填写小组团体历程表。 * 观察员填写观察表。		5分	小组团体历程表、合作学习观察表
实施评估	* 学生进行个别评估。 * 特殊学生可由教师口述题目进行评估。 * 评估单甲为特殊学生使用，评估单乙为普通学生使用。	·能独立完成评估单（普、特）。	10分	评估单

续表

教学步骤	学习活动	教学目标	时间	教学资源
总结	*教师进行学习总结。 *学生交换批改评估单。 *小组表扬。		5分	

三、小学自然课合作小组活动计划

·主题：鱼（自选）。

·领域：自然、艺术及写作。

·分组方式：5~6人一组（其中两名为特殊学生）。

·形式：书面及口头报告。

·目标：

（1）探讨鱼的特征、种类与习性。

（2）共同完成书面报告。

（3）口头呈现。

·时间：利用弹性时间，每星期两节，共四周。

·分工方式：组长一人、一人打字、一人负责美工。

将鱼类分成四种，每人负责撰写一种鱼类，调查其特征及习性，组长再将每个人负责的部分整合。

·评估：团体分数及个人分数（依据个人表现、书面报告及口头报告）。

·合作技能：参与、合作。

·针对特殊学生所做的调整：不会画的特殊学生帮忙将报告用回形针夹起来。

四、语文课合作小组活动计划

·教师带学生念课文。

·解释文章的目的。

·复习之前教过的词汇。

·介绍新的词汇。

·讨论文章内容：讨论文章的情境、角色、问题及如何解决问题，分成小组讨论及练习（采用合作学习模式）。

·同伴阅读：学生默读课文，两人一组互相纠正错误。

·课文理解：针对文章的语法、内容问问题，对未来情节的发展做讨论。

・字词练习：和同伴（二人或三人）练习课文中的生字及词语、延伸及联结所教的字词。

・字义：让学生根据文章的意义写出关键词、句。

・说故事大意：教师先问问题，引导学生用自己的话说出大意。

・写作：让学生根据文章内容写下心得，并互相观摩批改。

第七节　教师访谈

问：如何评价自然课合作学习的方式？

答：一个活动里面，教师要设计成一组一组的活动，这样的方式让能力好的学生可以带其他学生，有机会让学生用分组的方式去讨论。其实最重要的是，当教师越掌握一个学生的状况，平常就会花很多时间去经营合作学习，因为一方面可以让学生自己去学，另一方面可以在这个时候观察学生的个性，以及他目前的学习情况。如果只是一直教的话，就没有时间观察学生目前到底学到哪里，所以教师会多给一点时间让学生讨论还有分享，如此会互相影响。因为那时候同样的一个东西这个学生讲过了，学生讲得很圆满，教师就不用讲很多，只要提出几个点和问题让学生们去触类旁通。所以教师在设计课程的时候，较多是用这个活动，让学生讨论及做。作业方面，教师在课堂上多让他们讨论，或是教师跟学生讨论，在作业单上也是互相讨论，学生写的东西，教师可以问他为什么这样写？有没有更好的想法及问题？或者课堂上教师问一个问题，学生回家就针对这个问题提出解决方法或看法。这样可以知道学生目前的状况是什么，课程就比较容易调整。

问：语文课如何分组学习？

答：分组竞赛的方式，普通学生基本上都会照顾特殊学生，牵着他的手去操作或是写。教师也会降低标准，例如，只要特殊学生有参与，那一组就可以加一分，让普通学生也会更积极去参与，然后带动特殊学生，特殊学生当然也可以跟着学习，会用到合作式的学习，还有同伴的协助、分组等。还有一种比较好的方法就是同一张学习单里包含普通学生、特殊学生要完成的内容，同时呈现，能做到的学生就去做。因为是合作式的学习，所以学生要彼此讨论，讨论的问题里有的是普通学生或是普通学生要去协助特殊学生的。

问：常用合作式学习的原因？

答：合作式的学习让学生之间能够彼此讨论和表达。最常用到的就是课程的合作学习单，教师想要什么活动就会设计一张合作学习单让学生做。

问：教师如何让普通学生引导特殊学生？

答：有很多的东西大概都已经包含在合作式学习里了，就是一定要跟他合作，否则你这个东西是出不来的，就是说你必须讨论。你在设计你的问题、设计你的学习单的时候，你就要设计他们一定要讨论才会写得出来的，如果他自己写出来，他也可以自己在那里写，可是他会写得很慢，因为他不能帮特殊学生做特殊学生的那一部分。教师会进入每一个小组里面，清楚地说明每一组可能要帮特殊学生完成的事情。事先也会在台上特别说明学习单发下去后要怎么讨论，哪一部分是谁要来做的，哪一部分是谁跟谁要一起做的，说明完之后，若学生还是不知道从何开始，教师就会示范。

第七章 角落教学

角落课是融合班的特色,角落课最大的好处是能提供给学生选择及自主学习的机会,教师扮演引导者的角色。以阅读角为例,教师可以事先准备阅读的材料,如报纸、书籍、剪刀、图画纸、画笔、阅读单等,让学生自由选择阅读的内容。如果学生选择看报纸,可以让他剪贴喜欢的部分,也可以阅读主题书籍或是画下书中的图片,教师也可准备计算机让学生看电子书。

第一节 角落的设置

角落是跨年级以及按学习内容而设置的,做法为将同一性质或领域的学习内容放在同一个角落或学习区,学生在角落中活动可完成正规课程所忽略之处。例如,在科学角可以放入各种动植物图片供学生观察并了解其异同,虽然名之为科学角,但安排的活动可以是跨领域、跨年级的。又如,在高年级科学角除了安排五至六年级自然课活动外,还可纳入数学和语文等领域的活动。这些角落安排的活动及强调的能力如下:

数学角:培养逻辑思考能力。

语文角:增进语文能力。

科学角:培养观察及思考能力。

社会角:培养社会人文精神。

阅读角:阅读和单元主题相关的图书。

目前在竹大附小融合班六个年级的教室里,每班至少有一个角落,有些角落每个班都有,有些则只设置在某个班级,各班角落设置情形如表 7-1 所示。

表 7-1 各班角落设置情形

角落名称	(二年级)图书角 (三年级)乡土角 (四年级)玩具角、棋艺角、数学角 (五年级)科学角、图书角、游戏角、美工角 (六年级)图书角
教具放在教具柜	二年级、四年级、五年级

续表

上课才搬出来	二年级、五年级
教学有安排活动及进度	二年级、五年级
随机安排	
角落牌放置在联络簿内	一至六年级都没有放置

第二节 角落设立须知

·教室周围可以有角落（或学习区）的设立。

·角落名称要标示出来（如知动角、数学角、阅读角、美工角、科学角及语文角）。

·教室中有角落学习计划板（self-scheduling board），用来记录学生在学习角落活动的情形。角落学习计划板是一个大的板或是布告栏，上面会有一个时钟，教师拨上学习角落开放的时间。每个学习区有固定的格数，可让学生插放角落牌（每个学生有一个角落牌），当学生决定到某个学习区活动时，必须把自己的角落牌插入属于这个学习区的格子内。至于每个学习区格子的数目可视课程而定，假如某个学习区的格子已插满角落牌，学生必须另做选择。在完成学习区的活动并且经过教师签名后，学生可以转到其他的学习区。由此可见，角落学习计划可以让学生养成自我选择、自我决定以及对材料负责的习惯。

·角落应有工作及展示的地方，如布告栏。

·角落可以有一些按顺序摆放的作业单，同一类型的放在一起。

·角落的教具必须固定在教室，不是上课时才搬来，小组或其他教学教过的东西可放在角落，让学生继续学习。例如，可以在语文角中放置与主题相关的书及学习单；数学角中可以摆放天平，用以测量哪个东西较重。角落中的物品应尽量标上名称。

·每个角落准备的活动及材料应足以让学生做选择。

·每个角落可依其性质准备符合角落目标的教材，最好预先做好教材分析及教具分析，并将教材编号。

·每个角落目标如加法，应安排至少一项活动。

·设计的活动应列出玩法及问题，用词必须是学生能理解的。

·角落学习的情形应由教师评估。

·教师需帮助学生计划如何在角落中活动，并增进学生安排计划的能力。

·定立角落规则。

- 在角落开始时，负责每个角落的教师应解释及示范在角落所安排的活动。
- 选好角落后，先在联络簿的角落课程记录表上做选择，看看学生写的及选的是否一致，角落课程记录表如表7-2所示。

表7-2 角落课程记录表

日期＼项目	语文	阅读	数学	科学	知动	乡土	计算机	其他	内容	反应 ☺	反应 ○	教师的话 联络事项
月　日												
月　日												
月　日												

- 要记录学生参与角落学习的情形。例如，计算机角必须记录使用的软件；阅读角必须记录所看的书及所听的音频，写完、听完后还要填写学习单。角落学习记录表如表7-3所示。

表7-3 角落学习记录表

语文角学习记录表					
项目＼星期	一	二	三		四
教具			故事书（《巨人的花园》）。 颜色接龙卡。 故事拼图。 中文拼字游戏。		
活动			·听故事（《巨人的花园》）。 ·故事内容着色。 ·请学生拼20个字词，做到就给奖励卡。 ·两个学生玩故事拼图，拼出两个主角，扮演"上学了"及"放学了"的情景。		
作业单					
学生反应			·小明很专心且很认真地听故事。 ·两个小女生玩拼字游戏很认真，游戏虽然简单，但也玩得很起劲，教师不时在旁指导并给予奖励。 ·另外两名小朋友在玩角色扮演游戏，利用故事拼图代表自己的角色，从游戏对话中增进其语言能力。		

- 角落教学时间一星期两次，下课时间亦可开放角落。
- 每名学生有一份学习卡，上面有课程目标，通过角落，教师评估学生是否达到课程目标。

- 每个学生可参与不同的学习单元。
- 学生在学习中遇到困难时,能会发出沟通、求救的信号,如举起求救牌。
- 学生在角落完成指定任务时,可换到不同的角落。
- 角落结束时,须把教具、教材放回原位,并作为评估角落学习通过的标准之一。
- 角落学习单如未完成,可延到下一次或带回家完成。
- 概念的学习如加法,尽量安排具体的方式来学习(如通过教具的操作)。
- 角落可以和闯关游戏结合。将学习内容分成数关让学生学习是一个很好的方式,各关卡的设计需符合四项原则:可选择的、多样性、可以让学生操作、可以产生互动,并考虑班级大小来设计关卡数。例如,五、六年级角落设计了 4 个与台湾地理有关的关卡,特殊学生也可以参与进来。

第三节　实施自我管理系统

自我管理(self-management)系统对大多数学生而言是陌生的,因而它的实施必须是循序渐进的。自我管理的目标通常是渐进的、因人而异,先从简单的技能(层次 A 和 B)开始学习及选择,例如,让学生决定同一学科的两样任务完成的顺序(A 和 B 孰先),完成 A 和 B 之后才能做层次 C(如决定两种以上教师规定的作业顺序并完成),到了层次 D,学生必须在半天内决定完成所有学科规定的作业顺序并完成,层次 E 时间增加为一天,层次 F 时间增加为一个星期五天。当学生能达到层次 F 时,教师就可为学生安排一个星期的活动。由于学生本身自我管理技能不一,达成的目标也不同,例如,大多数低年级学生都无法超越层次 D,只有少数能达到层次 E 及 F。由于学生自我管理的能力不同,要求也不同,在教室中有些学生只要求做到层次 B 的工作,有些则要求做到层次 C,有些学生则需用角色扮演的方式,一个层次一个层次地教。

根据上述自我管理系统,在学年开始时,教师可以指定学生到某一个学习区做某些活动,并且给予时间限制,然后再慢慢示范如何使用每个学习区的材料及进行每个学习区内的活动,最后学生再根据课程表上所列的目标,找到可以在学习区内完成的活动。当学生已经能自我选择角落及在角落中学习,并能在监督下完成活动时,教师就可以实施更进一步的自我管理计划,例如,教师可以设定 40 分钟的时间,学生必须决定在这段时间内先完成两项指定作业的哪一项;同样地,教师也给学生 40 分钟去完成自己选择的活动,并借此观察学生是否能做到:

- 正确使用角落计划表。
- 选择学习区。

- 取得每一项作业的材料。
- 从事活动。
- 知道如何寻求教师的帮助，及在活动完成时请教师检查和签名。
- 在预定时间内完成活动。

当学生能达到以上要求时，教师会把活动时间延长，以要求学生完成更多的项目。

这样的自我管理系统可以培养学生控制自己行为的能力，因此学生缺乏动机及违反纪律的行为较少发生。事实上，这个课程模式本身就可以培养学生自律的能力，加上每个学生的角落学习都是配合学生的能力及需要而设置，无形中减少学生失败的机会，也降低了分心及破坏等行为发生的概率，不同角落教师的合作也提高了教师解决问题的能力。强调学生的自我管理，让学生学会为自己的行为负责，而不是教师通过管教来控制学生的行为。

第四节 角落计划

在学期开始时，教师应将整学期的角落计划列出，如果列出目标，会使角落教学更名副其实，如表7-4所示。

表7-4 融合班角落规划表

融合班角落规划表				
角落名称	活动安排	教具名称	普通学生目标	特殊学生目标

（一）角落计划表

角落计划表可以将学生反应合并进来，如下表所示：

对象：小学一年级	日期：12/22
角落名称：语文角	
一、活动名称：快乐剪贴画活动。	
二、主题名称：我最喜欢的游戏（语文）。	
三、目的：培养学生的观察力及激发学生的想象力。	

四、教具／教材：
·教具：广告纸、白纸（铜版纸）。
·教材：广告纸上的广告作为剪、贴的材料和图的背景。
五、活动程序：
1. 让学生表达自己最喜欢的游戏是什么。
2. 让学生从实物图片或根据平日生活印象剪出外形。
3. 将外形贴上，再用彩色笔做部分装饰或背景描绘。
4. 观察学生在制作过程中的反应以及与同伴之间互动的情况。
5. 在剪贴完成后，写上内容、大意。
六、教学目标：
·根据广告纸上的内容选择可以利用的相关图片（特）。
·能说出自己最喜欢的游戏。
·能剪出游戏并贴上（特）。
·能在图上做装饰。
·表达自己的想法并写出来。
·能与同伴合作。

学生反应：
老师将此活动进行方式告诉学生，请学生凭想象剪出游戏的轮廓贴上去，再画上背景。老师询问 A 生会不会做（并再次告诉她怎么做），她说没有剪刀，老师代她问 B 生（不借）、C 生（不借）、D 生（不借）、E 生（不借）、F 生（没带）、G 生（我要用）、H 生（正在使用），最后老师要 A 生自己向 I 生借借看，结果 I 生借她。

A 生在广告纸上剪下一条条的纸条后向老师借胶水，并将其剪下的东西贴上。其他小朋友（除 C 生）都做得不错，其中，B 生最先按照老师叙述的方法做，老师将其作品介绍给大家，大家才陆陆续续把剪纸贴上。C 生喜欢剪纸的四边，老师告诉她剪下图案贴在纸上，她说不要，为了引起她的注意，老师请她将纸撑开往外看看，从纸缝中看出她笑了，老师问可以看到东西吗？她点点头，老师将手指放在纸缝中舞起手指，她也学着，老师说她好像在演木偶戏，也趁机告诉她，下次不可以再将纸剪成这样，不可以再演木偶戏了，她笑笑点点头。

（二）角落学习评估表

另一种方式是撰写教案，以了解角落计划及学生学习的情形。

教具／教材／活动	目标	评估	备注
听故事音频： ·丫丫和尖嘴巴 ·洞里有个朋友	·能聆听教师讲述角落的内容。 ·能选出自己喜欢的活动。 ·能在听到内容时有所反应。 ·能在听完每一则故事后，回答相关问题。		
阅读书籍： ·交通安全：小心过马路 ·怎样做才对 ·我会照顾自己 ·顽皮鬼 ·儿童的杂志	·能从教师提供的书籍中选择自己想看的书籍。 ·能与他人一起看。 ·能与他人分享心得。 ·能提出问题。 ·能在阅读完毕后将书放回原位。		

续表

教具/教材/活动	目标	评估	备注
拼图	·能依教师说明进行拼图。 ·能自己尝试拼图。 ·能拼完全图。 ·能说出图的内容。		
拼字游戏	·能依教师说明进行拼字。 ·能将字拼出，如思（教师提供字）。 ·能尝试拼出自己认得的字。 ·能提出问题（如问教师有没有××字）。 ·能将拼出的字造句。 ·能在文章中找出要拼的字。		

第五节　角落课程范例——语文角

以下为语文角课程安排范例，学生可以自由选择自己想进行的活动。

一、活动安排

综合语文角安排的活动，共有下列几种：

·钓鱼游戏（找部首认识字）：先拿一张牌，按上面指示找有"○"的字，再拿钓竿钓相关的字，钓完后将钓到的字写在角落学习单上，可编成"一页字典"。

·盖印章（认识基本字）：找出自己想学的基本字或词语（有图及文字），再从印章盒中找出相同的字盖在单字格中。

·盖城堡：将积木堆成城堡并玩过家家的游戏，可从游戏中练习对话，并激发学生的想象力。

·谁是谁：将字与图分类，从字卡中的叙述找出图（如找出拿黄色雨伞在钓鱼的小熊）。

·汉字演进卡（了解字的由来）：可仿写并问别人"这是什么字？"

·拼字游戏（上下结构，如"忘"；左右结构，如"饱"）：将上下结构或左右结构拼成一个字，可认识字的结构及部首。

·组词游戏、文字接龙游戏：将字合成一词或做词语接龙，如天地→地上→上下。

·阅读与主题相关的书报杂志和书籍：故事书、古迹之旅、唐诗、三字经、绕口令、儿歌猜谜、儿童日报、小牛顿……

・剪报：剪贴报纸上的图片或文章，并说一说或写下心得。

・剪贴主题并写心得：如剪贴出交通工具，并写出自己剪贴的内容，不会写的小朋友可以口述，旁人替他写下。

・联想游戏（配对游戏）：将散乱的东西按概念进行整理，如"拖鞋"应放进鞋柜、"衣服"应挂在"衣架"……

・故事列车：参加者按人物、时间、地点、特质（点）各写一张放入四个车厢中，每个人各抽一张后编一个故事。

・识字造句卡：看图识字、词。

・看图说话：先将图排好顺序，然后说出内容。

・计算机：基本笔画、反义词、量词等练习。

・拼图（大拼图、小拼图、立体拼图）：拼好后说出图的内容。

・听故事音频：把故事图及故事心得单提供给小朋友着色、写或回答问题。

・踩脚印游戏：将教过的字或词放在教具插袋中玩踩脚印游戏，增加熟练度、反应及记忆能力。

・编辑主题剪报：主题自定，可独自完成或自己找组员合作完成，报纸由同学共同搜集或教师提供。

・制作小书：自由创作或听读故事后创作。

・四格漫画：自由创作或听读故事后创作。

・挑战绕口令：由教师制作绕口令大字报。

・其他。

说明：第 1~3 项以两周完成一主题（单元）为原则，要求学生必须连续两周选语文角。第 6 项难度较高，且需安静专注从事的活动。

二、奖励办法

1. 每次上课均能有良好的行为及态度，盖"专注奖励章"。
2. 作品完成，教师视作品情形，盖"作品奖励章"。
3. 期中及期末各结算一次，再给予奖品奖励。

三、成果呈现

将学生完成的作品布置在语文角中，期末或学校有大型活动时，请学生自制邀请卡邀请家长到校参观。

负责语文角的教师可视课程内容安排不同的活动及学习单，在进行角落活动前要重申角落规则：
- ·选自己想去的角落。
- ·选好想进行的活动。
- ·将角落活动名称写在联络簿中的角落栏上。
- ·按指示拿教具，按内容进行活动。
- ·快乐地玩。
- ·角落结束将教具收拾好放回原位。

第六节　教师访谈

问：角落学习时间很多，和普通学校比较不一样，角落学习是怎么样的一个教学形式？

答：学校规划了语文角、数学角、知动角，角落学习是让学生去不同的角落进行一个综合性的活动，给他们一个较有弹性的空间。角落是打破年级的，同一个角会有三个年级，班级界限在这里可以被打破。

问：有什么活动？

答：语文角有些教师会带学生看书，今年有阅读角、剪报角，可以让学生做一些他们想做的事情。

问：科学角做些什么事情？

答：看书或做实验，学生可以自由选择自己要做什么东西。

问：五年级和三年级安排的角落学习时间不一样？三年级角落学习时间比较多？

答：因为五年级课比较多。高年级、中年级的节数是不一样的。

问：角落学习会有一个教师在带着？

答：对。

第八章　活动教学

活动本位教学（activity-based instruction）简称为 ABI，是由布里克和克里普（Bricker & Cripe, 1992）提出，采用环境中自然发生的事件作为教学内容。比起直接教学，以活动为主的教学通常可达到多项目标，也较为生动，前提是在采用活动教学时，需考虑学生的需要，所教的内容也必须是学生能力所及的，假如学生无法参与时，必须改变活动的内容。

第一节　活动本位教学的定义

活动本位教学是由学生主导并配合日常作息及生活情境的教学方法。教师需遵循学生的节奏提供合适的反馈，以满足学生的需求，在教学活动中融入特殊学生的个别目标，同时有逻辑地运用自然发生事件（如吃饭）的前因（洗手）和行为后果（肚子不饿），以发展功能性技能。活动本位教学强调学习不只是在教室，也能在社区等自然情境中学习，依据学习表现和实际工作成果来评估。例如，在校园散步时看到花，让学生主动探索，和学生谈花的特征（如颜色及气味），并告诉学生这是花，下次看到花时，可问学生这是什么？学生通过平时的体验，看到花就容易记起花的名称。

活动教学也是融合班常用的教学策略，强调在课程中进行"活动本位"的学习，然而并非所有的教学都可称为活动，须具备某些条件。通常一个活动可以同时达到不同领域的目标，因此融合班科目间的界限较不明显，如语文课会带入数学或自然知识，课程涵盖多个领域，教学内容生动活泼，特殊学生参与课程的机会多。活动本位教学的主要要素是：

· 有开始（从事该活动的要求、意图、想法、寻求活动许可及活动执行的提示以产生反应）、过程（执行活动）及结束（总结、将材料归位、清理现场）三个部分，不管活动时间长短，都必须有这三个部分。

· 适合学生年龄。

· 是新奇的、有趣的，最好是学生从未玩过的。

· 教师可控制的。

· 有弹性，在活动中可加入其他内容。

- 有教师在旁督导。
- 具有功能性，教学的内容是实用的，和学生日常生活经验相关。
- 能产生师生及同伴的互动，教师与学生对活动都有反应。
- 不一定要完成一件作品。
- 无须由教师决定如何进行，可由学生决定。

第二节 统合式活动设计

做好课程整合计划后，可就各科各单元做详细的活动计划，并考虑如何兼顾特殊学生的需求。每个单元名称可视为一个教学主题，按照主题教学的方式设计教学活动及教学目标，以符合融合班不同程度学生的需要。教师在设计教案时，需先根据学生的能力及基础确定教学重点，再安排教学流程，一般可分为三个步骤：预备活动、发展活动与综合活动，然后以活动一、活动二、活动三……来串联整节的教学。准备活动提供了复习旧经验的机会，或作为引起兴趣的活动；发展活动则是本节教学的重点；综合活动则可回顾一节课所学的知识，或是利用活动单、学习单作为教学的辅助材料，让教师及学生了解学习的状况。任何科目的教授，都可用活动教学来进行，每一科目或领域的教科书分成几个单元，每个单元都有一个名称，在既定的主题下，配合单元名称进行活动教学，可使教学内容变得活泼生动。

当科目不同时，教学活动也可能不同，教师在设计语文教学活动时，可通过下列活动改进学生的语文学习：

- 用诗来描述特色。
- 将主题提到的地点描述出来（按顺序）。
- 说出文中印象最深刻的词语、句子或片段。
- 看视频说感想。
- 课文中提出什么问题，如何解决？
- 以后想去哪儿/未来发展（如主题为古迹之旅）。
- 搜集和单元相关的故事、文章、字词、图片并贴出来。
- 学到什么？
- 画出单元中主角的样子。

在融合班中，要设计普通学生与特殊学生一起学习的统合式活动，以下分科目及领域介绍当普通学生及特殊学生在同一组时，如何实施统合式活动教学。

一、语文

语文统合式活动设计如表 8-1 所示。

表 8-1 语文统合式活动设计表

单元名称	教学重点	活动名称	联络教学	教学目标	个别需求
大榕树与小男孩	·能说出树的功能。 ·认识树的根、茎、叶及作用。 ·探讨小男孩到树下游玩的心态。	·话剧《树与男孩的对话》。 ·踩影子。 ·老鹰捉小鸡。 ·拓印叶子。 ·用叶子吹出声音。	·自然：认识植物的根、茎、叶和种子的繁殖。 ·数学：分数（叶子的分类）。	·说出种子（如绿豆）、根（如番薯）、茎（如葱）、叶（如落地生根）及孢子（如蕨类）的繁殖过程。 ·能分辨树的种类。	·能认识植物名称、了解植物的种类、了解植物的构造如根、茎、叶、种子。
	·利用树影来观测太阳的运动。 ·了解影子与太阳的关系。	·绘图大赛：心中的大树。 ·用纸杯制作立体树。 ·文字游戏：串联和树相关的词语。 ·经验分享：印象中最深刻的一棵树。		·能分辨寒带树及热带树。 ·能使用关于植物的词语、成语。 ·能记录植物生长的顺序：种植发芽→长叶→开花→结果这一过程及时间。	

二、阅读

阅读统合式活动设计如表 8-2 所示。

表 8-2 阅读统合式活动设计表

活动	普通学生课程	特殊学生课程
教师讲故事	坐在椅子上听故事。 专注地听故事。	坐在椅子上听故事，注意力集中。
做故事书的封面	选择不同的材料画，画好再贴。	无法画，由同学帮忙画好，让特殊学生着色并提醒其该用什么颜色。
写故事的内容	写下故事的大纲。	无法写，由特殊学生念，教师帮忙写故事。
根据自制的故事书画上插画	在书上空白处画插图。	让特殊学生自由涂鸦或贴上贴纸。
分享自编的故事	轮流分享自制的故事书。	打开书，鼓励特殊学生说话。

三、自然与生活

自然与生活统合式活动设计如表 8-3 所示。

表 8-3　自然与生活统合式活动设计表

活动名称	程序	普通学生目标	特殊学生目标
水果拼盘	·呈现水果时，要学生说出水果名称。 ·找出水果内的种子。 ·比较种子的不同（大小、形状、颜色、数量）。 ·画出不同水果的种子形状，分工后共同完成一张海报。 ·画好后分享。	·说出水果的名称。 ·理解"种子""相同"及"不同"的概念。 ·比较种子的特征。 ·画出种子。 ·分享画的内容。	·用手摸水果的质地（光滑还是粗糙）。 ·倾听对水果的描述。 ·换手（水果从一只手传到另一只手）。 ·理解听到的内容，如摸表皮。 ·坐在位子上。

四、数学

数学统合式活动设计如表 8-4 所示。

表 8-4　数学统合式活动设计表

单元／活动名称	普通学生活动	特殊学生活动
加加减减（一年级）：教师利用积木教"加加减减"，通过玩积木认识数字的加减。	·做课文练习题加减混合运算。	·数积木的格数，并说出积木的颜色及数目。 ·教师带领组合长型小积木。 ·教师辅导拼长条积木，训练手眼协调及仿说能力。 ·按选择键。 ·普通学生与特殊学生一起完成"数数看"。
百位数加减法（二年级）：用以"10"为单位的数棒教数字观念认知。	·做百位数加、减法数学练习。 ·做数学应用题练习。 ·出列演算。	·个别教学。 ·协助教师，给算对的普通学生画苹果以示奖励。
雪花片真好玩：将雪花片贴在黑板上，请学生出列。	·10 个为一组将雪花片圈起来，并跟教师说共有几个雪花片。 ·普通学生带着特殊学生数数。 ·教师问问题，学生举手回答。	·教师请特殊学生数一数黑板上的雪花片（5 个以内）。
水果游戏：教师利用水果模型教具，让学生做数的加法，两个学生为一组。		·再重复一次数水果的游戏，教师会牵着特殊学生的手一起数水果的数量。 ·请特殊学生重复一次。 例：$5+8=13$ 　　$4+3=7$

续表

单元/活动名称	普通学生活动	特殊学生活动
纸球游戏（一年级）：教师利用报纸做50个纸球当教具，将球平均分为两组，每组25个。假装这些球是飞弹，可以彼此发射，以掷飞弹的方式教学生做加减运算。	·由特殊学生丢球，时间到后由普通学生计算每一组剩下几个。 ·安排普通学生写数学作业。	·在一定时间内互相丢球。 ·让特殊学生敲鼓，当鼓声停止时，游戏也停止。 ·教师将纸球放在鼓上让特殊学生敲鼓，借着颤动将纸球敲下来，然后问特殊学生纸球变多还是变少。

五、跨领域范例

以假日游园会为主题设计相关的活动，活动可同时达到不同科目的目标，详细的活动安排如表8-5所示。

表8-5 跨领域统合式活动设计表

领域/科目	教学重点	活动名称	器材	普通学生目标	特殊学生目标	备注
语文	编写课文	头脑风暴		·能参与课文编写。	·能念出编好的课文。	
语文	海报设计、标语	画图高手	海报纸、彩色笔、剪刀、胶水	·能与组员讨论海报内容。 ·能制作海报。	·能协助制作海报（着色）。	
语文	心得分享（检讨）	想一想		·能说出本活动的优缺点。 ·能说出自己的心得。	·能说出参加本活动的感觉（如喜欢）。	
数学	确定成本	精打细算		·能列出要卖的物品项目。 ·能估计每一个项目所需费用。 ·能计算所需成本。 ·列出价钱。	·能将每一项目预计的金额加起来（使用计算器）。 ·能说出要卖的项目名称。	
数学	购买（准备）材料	省钱大师		·能配合需要购买或搜集材料。 ·能尽量废物利用。 ·能知道节约的重要性。	（同左）	
数学	购买（准备）奖品	旧物新用		·能将家中不用的小东西或玩具捐出。	（同左）	
数学	奖品分类	猜一猜多少钱		·能预估每一奖品大概的价值。 ·能将价值相当的物品做分类。	·能将同等级的奖品放在一起。	

续表

领域/科目	教学重点	活动名称	器材	普通学生目标	特殊学生目标	备注
数学	计算盈亏	精打细算		·能计算出本活动赚钱还是赔钱。	·能知道本活动是赚钱还是赔钱。 ·能说出赚（赔）多少钱。	
美工	制作套环	圈圈乐	旧报纸、胶带	·能制作套环。	·能参与制作套环。	
美工	奖品包装	穿新装	包装纸、剪刀、胶水	·能适当包装礼品。	·能协助包装。	
社会	讨论参观注意事项	小绅士		·能说出参观时应注意的礼貌。	·能念出参观时应注意的事项。	
社会	讨论游园会卖点	妙点子		·能参与讨论。 ·能以民主程序决定班上要卖什么。 ·能遵守少数服从多数的规定。	·能参与讨论。 ·能说出班上最后决定卖什么。	
社会	讨论分组、工作分配	我们是一家人		·能参与讨论。 ·能主动要求分配工作。 ·知道分工合作的重要性。 ·能与人合作。	·能参与讨论。 ·能知道自己分配到的工作。	
社会	讨论当日流程	马不停蹄		·知道当天行程。 ·知道自己的值班时间。	·知道自己那组的组长。 ·知道当日要跟着组长走。	
社会	搬椅子	大力士		·能主动搬椅子。	·能协助搬椅子。	
社会	布置场地	美的世界	海报标语	·能将海报布置好。	·能协助布置海报。	
社会	贩卖	小老板		·能按照分工执行贩卖工作。	（同左）	
社会	招揽客人	来玩哦!		·知道如何招揽客人。 ·能招揽客人。	·能协助招揽客人。	
社会	打扫、收拾	清洁溜溜	打扫用具	·能主动将场地打扫干净。	·能协助打扫善后。	
社会	参观	我是小绅士		·能表现应有的礼貌。 ·能协助教师注意特殊学生的安全。	·能跟着组长行动。	

同样的例子出现在语文课"包粽子"的主题上，活动中包括了蒸饭、调馅、包粽子、数包了几个粽子、吃粽子、数吃了几个粽子及计算每个粽子的成本等过程，让每个学生都可从这个活动中学会一些事物，例如，让普通学生学语文及数学，让特殊学生学如何包粽子及做简单的数数。

第三节　将特殊学生目标融入活动流程

虽然活动教学非常适合融合式的教学环境，可以自然地、随机地达成很多目标，然而特殊学生需要的是具体的例子、有意义或是自然的重复，以及提供一连串相关的经验、经验的类化和联结，因此针对特殊学生的教学，应事先加以计划才能把学生的需要融入教学中。将特殊学生安置在融合班之后，特殊教育教师就要和普通教育教师共同讨论特殊学生的需要，普通教育教师在课程调整上常需要帮助，调整的目的不见得需要特别针对特殊学生设计个别的教案，而是尽量把个别的目标融入正常的课程中。例如，当教师教到"认识动物"单元时，对学生熟悉的教师就要提出有关个案需求的意见，特殊教育教师再和普通教育教师合作，针对个案需求来调整课程，将教学领域和单元主题结合，然后合作把活动调整到可以把特殊学生纳入进来，包括数学、语文、动作、自然及社会各科目标。这些调整通常也适合班上其他学生，特殊教育教师可以每个星期都来普通班，直到教师觉得这种方式可行为止。

表 8-6 展现了如何将特殊学生的目标放入一般教学流程。

表 8-6　《老鼠捕的洞》教学方案

教学理念：   ・独特性的维护：每人都是独一无二的，每个学生都有不同的学习方式，教师应给予学生更多的选择机会。   ・多元价值的传递：在多元的社会中，人们本来就与不同种类、不同能力、不同宗教……的人生活在一起，所以学校也应提供类似的多元学习环境，而融合教育最能提供这样的教育环境。   ・尊重与包容：融合班教室管理的最大原则——彼此尊重。
教学特色：   ・自我价值的肯定：在课程或日常生活中，尽量提供给学生自我评估、自我认识与自我探索的机会。   ・自信心的建立：每天尽量提供给学生成功的学习经验。   ・适当的协助：对需要协助的学生提供足够的协助，但又不能协助过多，以免学生产生无助感，对自己失去信心。   ・强调合作学习：尽量设计有利于学生合作学习的活动，增加学生间人际互动机会，以合作代替竞争。

续表

教学科目	语文	教学班级	竹大附小融合班三年级麒麟里B组
教学单元	老鼠捕的洞	教学日期	4月28日至5月6日
教学者	徐老师	教学时间	8节共320分钟

教学研究		
	教材分析	教材来源：语文实验教材第六册（二）三下——面具。 "教育部"台湾初等学校教师研习会。 通过表演道具的制作，让学生对课文角色更加熟悉。 ·通过角色扮演，让学生对课程有更深入的了解，同时对肢体表演、说话音调、角色协调、团队合作等能有更多的学习与体会。 ·通过课堂或家庭作业的学习单，加强学生学习效果。 ·通过强化板的鼓励，提高学生的学习意愿。
	教学联系	本册语文教材的主题为"面具"，共有八篇文章，教师挑选其中四篇为精读篇，另外四篇为略读篇。 ·精读——除了对文章内容深入探讨外，也对生字词语深入学习，共计有《非洲大面具》《布袋戏》《老鼠捕的洞》《狐假虎威》（剧本）四篇。 ·略读——主要做文学欣赏素材，有时也作为提供给学生讨论与比较的材料，共计有《脸谱》《起先》《故事三则》《狐假虎威》（故事）四篇。 面具的学习主题网络图（图8-1）。
	学生能力与经验分析	本班三年级，班上有12名普通学生及8名特殊学生，语文课分两组教学，本组为B组，有6名普通学生及4名特殊学生。 ·特1：中度智力障碍。能认字，能听写，会简单造句，能读课文（速度较慢），但课文理解较弱，注意力不佳，有固执行为。 ·特2：小胖威利综合征。认字少，会仿写，阅读有困难，注意力差，情绪控制不好，喜欢帮教师做事。 ·特3：轻度孤独症合并抽动秽语综合征。认知能力与普通学生相同，好动，情绪控制较弱，有时会离开座位走动。 ·特4：选择性缄默症。汉语程度有一点落后，注意力不佳，需提醒才会交作业。 ·普通学生：善于表达，活泼。
	环境分析	教师： ·教学设备：白板、小白板、磁铁、板擦、白板笔等。 ·准备教材：课本、字卡、图卡、句卡、学习单、强化板。 学生： ·学习工具：课本、文具、彩色笔。

续表

教学资源	教学活动	教学目标	时间	教学评估				
				普	特1	特2	特3	特4
【第一节：词语教学】								
课本、猫和老鼠的图片	一、激发动机 ·猫和老鼠：教师请学生表达对猫和老鼠的认识（经验分享）。	♥能说出自己对猫和老鼠的认识（普、特3）。 ♥能聆听同学分享（普、特）。 ♥能指认猫和老鼠的图片（特1、特2）。	5分					
课本、猫和老鼠的图片	二、准备活动 ·朗读高手：分组轮流朗读课文。	♥能流利地读课文（普）。 ♥没有轮到时能耐心等待（普、特）。 ♥能在同学的协助下和同学一起读课文（特1）。 ♥能用手指课文念到的地方（特2、特4）。	5分					
课本、生字卡、学生自制字卡、磁铁、指挥棒	三、发展活动 ·找一找： 1. 教师请学生找出每一段的生字并用笔圈起来。 2. 教师把生字卡按课文出现的顺序排在白板上，请同学上台写出拼音及部首。 ·手指动一动：教师指导正确注音、部首及笔顺。 ·我是小字典：学生上台介绍自己制作的字卡。	♥能找到生字并用笔圈起来（普、特3、特4）。 ♥能在同学的协助下圈出生字（特1、特2）。 ♥能写拼音及部首（普、特3、特4）。 ♥能写简单拼音（特1、特2）。 ♥能专心学习（普、特3、特4）。 ♥能和同学一样举起手来书空写笔顺（特1、特2）。 ♥能上台介绍自己制作的字卡（普、特1、特3）。 ♥能在同学协助下介绍字卡（特2、特4）。	5分 5分 3分 17分					

续表

教学资源	教学活动	教学目标	时间	教学评估			
				普	特1	特2	特3	特4

※ 表头"教学评估"下分：普、特1、特2、特3、特4

教学资源	教学活动	教学目标	时间	普	特1	特2	特3	特4
全行		【第二节：叠字介绍】						
课本、课文中有叠字的句卡、磁铁	·我是小侦探： 1. 教师请学生从课文中找出有叠字的句子。 2. 同时，教师将叠字句卡贴在白板上，请特殊学生上台圈出叠字。	♥能从课文中找出有叠字的句子（普、特3、特4）。 ♥能从叠字句卡圈出叠字（特1、特2）。	12分					
	·不一样就是不一样： 1. 教师将叠字划掉一个字，请学生念一念。	♥跟着同学念去掉一个字的叠字句卡（特1、特2）。	8分					
	2. 请学生说一说有叠字和去掉一个叠字的句意有没有改变？感觉又是如何？	♥能表达自己的感觉（普、特3）。 ♥能说出有叠字的句子有加强语气的作用（普）。 ♥能聆听同学的发言（特1、特2、特4）。	15分					
	·叠叠乐：作业说明"叠字学习单"。	♥能了解教师的说明（普、特）。	5分					
全行		【第三节：阅读课文——练习提问】						
课本、小白板	·谁是主角：教师问这一篇故事中有哪些主角？ 教师随着学生的回答贴出主角图片：小孩、猫、老鼠太太、小老鼠。	♥能说出故事中的主要角色名称（普、特3）。 ♥能上台在图片旁写出它们的名称（特1、特2）。	5分					
	·蛛丝马迹：教师请学生默读课文，并在有疑问的地方画上记号。	♥能默读课文（普）。 ♥能在有疑问的地方画上记号（普）。 ♥能轻声念课文给特2听（特1）。 ♥能专心听特1念课文（特2）。	15分					
	·怎么会这样：分小组讨论刚刚自己默读课文有疑问的地方，整理后将每个人的问题写在小白板上。	♥参与小组讨论（普、特）。 ♥能提出自己的问题并写下来（普、特3、特4）。	20分					

续表

教学资源	教学活动	教学目标	时间	普	特1	特2	特3	特4
	【第四节：阅读课文——问题讨论】							
小白板、学习单、一张放大的学习单	·分类高手：延续上一节学生写在小白板上的问题，请学生做分类（哪些是与老鼠有关的问题、哪些是与猫和小孩有关的问题）。	♥ 能做问题分类（普、特3、特4）。 ♥ 能将分类好的问题念出来（特1）。 ♥ 能在协助下念出问题（特2）。	5分					
	·你问我答：针对学生提出的问题进行讨论（在这个过程中教师鼓励学生多互动，提出自己的想法，也尊重别人的想法）。	♥ 能针对问题提出自己的想法（普、特3）。 ♥ 能尊重别人的看法（普、特3、特4）。 ♥ 能聆听同学的讨论（特1、特2、特4）。	20分					
	·真真假假： 1. 教师将一张放大的学习单贴在白板上，请特2帮忙统计，在上面做○、×记号。 2. 其他学生一人一张学习单。 3. 教师说明学习单中的一些句子，请学生辨认哪些句子是真实的，哪些句子是个人的想法。 4. 教学生用双手交叉表示×（代表是个人想法），用双手向上拉成圆表示○（代表是真实的）。 5. 教师针对结果加以说明和讨论。	♥ 能辨认句子的语意是真实的或是纯粹的个人想法（普、特3、特4）。 ♥ 能跟着同学做○、×的动作（特1）。 ♥ 能在台上帮教师数○的人数或×的人数（特2）。	15分					

续表

教学资源	教学活动	教学目标	时间	教学评估			
				普	特1	特2	特3	特4
【第五节：阅读课文——主角的对话】								

教学资源	教学活动	教学目标	时间	普	特1	特2	特3	特4
课本、三张放大的学习单、小孩和猫的对话句卡	·小孩和猫的对话： 1. 教师将学生分成三个小组进行讨论，从课文中找出小孩和猫对话的部分，整理后填入学习单。	♥能分组讨论并完成学习单（普、特3、特4）。	15分					
	2. 教师请各组选出一人上台找出正确对话，排出顺序。组员可互相支持，但不能说话。	♥能在组员协助下找到正确的对话卡（特1、特2、特4）。 ♥能将对话卡排到正确的位置（特1、特2、特4）。	15分					
	·作者想说什么？教师引导学生由课文内容去体会作者要传达的内涵——旧经验不一定有用，亲眼见到的也不一定是真相。	♥能在教师的引导下体会本篇故事的内涵（普、特3、特4）。 ♥能回答教师引用课文中事件所问的简单问题（特1、特2）。	10分					
【第六节：课文大意】								
课本、故事大意句卡、三张四开西卡纸、彩色笔、学习单（作业）	·我会说故事：请一名学生上台口述本篇故事。	♥能上台说故事（普）。 ♥能安静聆听故事（普、特）。	3分					
	·排一排：教师将故事大意句卡贴在白板上，请学生上台排出正确的顺序。	♥能排出正确的故事大意（特1、特2）。	3分					
	·画故事图：分三个小组合作完成本篇故事的故事图。	♥能合作完成故事图（普、特3、特4）。 ♥能参与画故事图活动（特1、特2）。	25分					
	·展示：三组分别派代表上台展示自己组的故事图。	♥能上台展示自己那一组的故事图（普、特3）。 ♥能欣赏同学的展示（特1、特2、特4）。	9分					

续表

教学资源	教学活动	教学目标	时间	教学评估 普	特1	特2	特3	特4
【第七节：道具制作】								
角色分配表（一组一张）、彩色笔、海报纸、西卡纸	·角色分配： 1. 分为二个小组。 2. 每个小组选一人为组长。 3. 讨论角色分配。 4. 小组长填写角色分配表。 ·我会做道具： 1. 每人负责制作自己分配到的角色的头套。 2. 大家一起协助制作背景字幕。	♥能通过民主程序选出小组长（普、特）。 ♥小组长能填写角色分配单（小组长）。 ♥能制作自己担任角色的道具（普）。 ♥能协助同学制作道具（普）。 ♥能帮忙将背景字幕的字着色（特1、特2）。	5分 35分					
【第八节：戏剧表演】								
表演道具、背景字幕	四、综合活动 ·表演开锣啰： 1. 教师说明演出者及观众应注意的事项。 2. 正式演出。 ·美的分享：教师与学生彼此分享演得很棒的地方。	♥能聆听教师的说明（普、特）。 ♥能合作演出（普、特）。 ♥能当好观众（普、特）。 ♥能说出至少三个演得很棒的地方（普、特3）。 ♥能说出一个演得很棒的地方（特1、特2）。	3分 30分 7分					

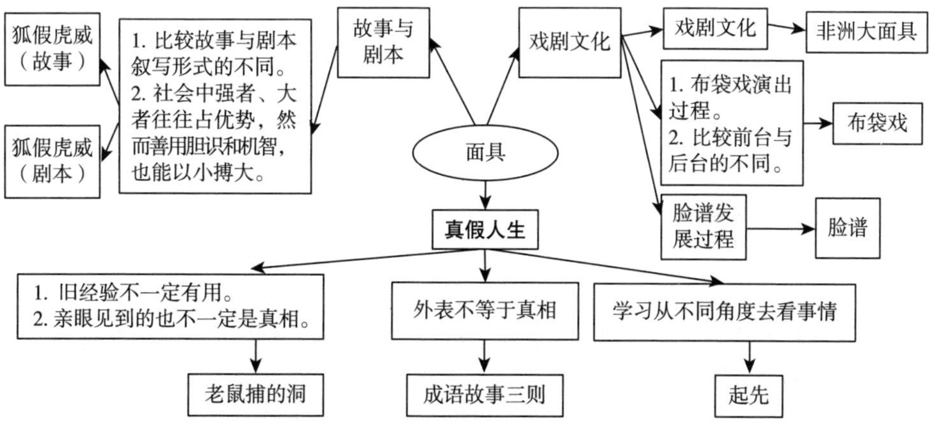

图 8-1 "面具"主题网络图

第四节 教师访谈

问：实习教师在教的时候，好像给特殊学生的时间很少，若真考虑到他们时，可能就是问特殊学生一些简单的问题，或是做学习单和进行其他活动时单独指导他。现场的教师大概会通过什么样的活动或在什么样的状况下去教特殊学生？

答：这可能是写作业时的情况。按照吴淑美教授的理念，上课时不倾向完全把部分时间特别留给特殊学生，她会希望融合在一起。这时候教师会设计一些分组的活动，让普通学生去带特殊学生来做，一方面看设计的活动内容，一方面看学生互动的状况，在理想状态下，特殊学生可以和普通学生互动达成他的目标。有时候学生的互动不是很好，还有普通学生其实也在这个机会中学习如何去引导别人，引导这些能力比他弱的同学，这些都是需要不断地尝试。教师慢慢地引导他们，然后告诉他们刚刚什么地方做得很好，但是再注意一下什么地方会更好，在这样几次引导之下，学生的互动就会越来越好，普通学生也会知道如何去注意特殊学生的需求，效果就会比较好。

问：在课程中，如何让特殊学生跟普通学生都能学到东西？

答：如果教师的教学设计能够让学生参与，他们都会学到东西。有些教师会设计很多活动，可是不包含教学目标，学生可能会玩得很高兴，但没有学到教师要给他的东西，这是要注意且避免的。若是一节课看起来很热闹，可是学生下课后脑袋空空的，这就本末倒置，他没有学到我们要他学的。教师在设计活动时要注意到这一点，学生应该都能学到东西。

问：就像我们那时候教学，每一堂课都设计活动，开始讲的时候是教师对着学生说，然后问问题让学生抢答，大家都在抢答，但特殊学生参与不进来。

答：有时候我也会这样。如果你要问问题，有些问题是针对一些程度比较好的学生，看起来好像是对全班的学生发问。可是事实上你这个问题是针对某个学生设定的，你就会叫特定的学生去回答。我知道我问的这个问题很简单，可能普通学生都会，但是我希望他们能够用合作的模式来回答我，那时候我就会分组，告诉他们说我有这些问题，这些问题可能会是他们那一组特殊学生觉得难一些的，我会告诉他们我要指定由谁来回答。比如我给他们编号，一组里面有四名学生，我当然不会让学生知道我的设计是这样，可是我已经想好假如每一组的中间那名就是特殊学生，我会跟他们说，你们这一组等一下是由他来回答，那其他的学生肯定要把他教会，让他上来发言，因为他代表他们那一组。有时候使用一些技巧，讨论之后就会有很多方法出来，教师之间可以互相观摩。

问：有没有觉得哪些教学活动可以让特殊学生参与、感兴趣的？

答1：要看这一组里面特殊学生的程度落差大不大，如果是平均分组、差异性比较大的时候，要设计的活动会是游戏，然后以分组合作的方式进行呈现，让能力比较好的学生去协助能力比较弱的学生。例如，语文课多会用大富翁掷骰子、走几步这种方式，名字还不会写、词汇量也不是很多、认的字更少的学生，可以参与的部分就是掷骰子、走几步，然后可以帮教师做一些事，如拿东西给老师，或是在组里面可以协助、参与一部分。如果要组词的话，组员组一个词，然后请他跟着念一遍，看学生状况去设计。如果是大小组的话，被归在大组里面的特殊学生都是程度比较好一点的，就依照他们的程度来设计，教师的流程也会进行得快一点。我多会采用分组的方式，也许特殊学生的创造力不够，但通过小组的讨论，组员都贡献了一点自己的想法，然后让另外一个组员把他们的这些想法写下来，我可能会请每一组的特殊学生将他们那一组的成果念出来与大家分享，还是看特殊学生程度的不同做调整。

答2：动态活动，或者是合作的活动、游戏，还有艺术课程，其实都能兼顾普通学生和特殊学生的需求。不能兼顾的，像需要深入研究文章内容的活动，深入讨论的时候，特殊学生不太说话，只能听，不能主动发言或是不能理解大家说的内容，因为大家说的内容已经是很深入的了。解决方法就是教师的角色很重要，教师要适时插入一些活动、插入一些问题给特殊学生，让他知道他有任务要做，他不是只是坐在那边听、看着大家。

问：哪些数学活动课程可以兼顾到特殊学生、普通学生的需求？

答：数学有很多不同的活动，就像你上一次看到的"两个两个换的"，那就是一个活动，是合作学习，我觉得合作学习是最能兼顾普通学生及特殊学生需求的学习方式。

问：新单元开始的时候，教师会如何开场？用活动式学习会不会难了点？

答：不会困难，因为教师会看这一堂课要上什么，配合什么样的活动进行，大都可以玩得很快乐。

第九章　语文教学调整

　　语文教学认为语言学习应该将听、说、读、写自然地整合在一起，而不是听、说、读、写各自为政。提供学生所学科目的阅读及写作的经验，不但有助于让他们对课本的内容产生兴趣，也可以让他们熟悉所学科目的内容。通过语文经验的传递，让学生沉浸在语文活动中，自然地学习语文的构造及语法，帮助他们思考及谈论，进而能读出及写出自己的想法。

第一节　阅读

　　阅读（指的是阅读一篇文章或一本书）的好处是可从书中学到新的概念，因此不间断的阅读是非常重要的。然而，阅读必须建立在学生的兴趣上，再联结过去的经验拟定阅读目标。阅读前需先教导关键词，教导理解技能并实际练习上述关键词。将阅读技能应用于其他资料并结合其他策略，包括提供实物、指出重点、口头概述和提供阅读资料等方式，对于阅读能力较弱的学生可用复写或选择题的形式，帮助他们获得知识。

一、书面阅读

　　阅读的内容可以是书中的文字、图片，也可以是一些常见的符号或标语，因此阅读不只是普通学生学习的渠道，也是特殊学生必须学习的重要课题。通过阅读，特殊学生可将他们读到的内容与同伴分享，除了做好阅读的准备，还需安排阅读后的相关活动，以延伸及应用阅读得到的知识。和阅读相关的活动包括回答书中的问题、讲述书中的故事、扮演书中的人物、做一本和阅读内容相近的书、画书中的插画、制作故事大纲等。表9-1提供了阅读前、中、后的策略。

表 9-1　阅读经验的要素与策略

要素	策略
阅读前	·激发动机 ·选择和学生相关的主题材料 ·提供背景资料 ·提供文章相关知识 ·教词汇 ·教观念 ·问问题 ·预测 ·设定目标 ·提示（提供建议）
阅读中	·默读 ·读给学生听 ·导读 ·学生读 ·改编文章内容
阅读后	·问问题 ·讨论 ·写作 ·表演 ·图示、画画（非语文活动） ·延伸活动 ·再教一遍

以图画书或绘本为例，表 9-2 提供了一些例子来增强特殊学生对绘本的理解。

表 9-2　特殊学生对绘本的理解

书名	小女孩与鱼
角色	·这是谁？ ·她快乐吗？ ·指熊给我看。
视觉特征	·她的帽子是什么颜色？ ·在图上你看到了什么？ ·熊的嘴里是什么？
动作	·这张图里妈妈在做什么？ ·猫要去哪里？ ·小熊带着篮子要做什么？

给特殊学生适合他们程度的阅读材料是很重要的。要决定故事或书的可读性，最简单的方法就是请学生大声读一段。一般来说，所读的每 20 个字当中，念错的字不能超过 1 个。如果所阅读的材料太难，学生会有挫败感，有可能还会产生低成就感而排斥阅读。

二、口头阅读

口头阅读分成三种方式：朗读、导读及共读。

◎ 朗读

教师朗读时要有规律地大声念出来，无论是否有障碍，学生都喜爱聆听教师大声地阅读一本有趣的书，聆听流畅的朗读。对所有学习者而言，教师示范朗读是必要的。

◎ 导读

在引导性阅读中，学生会和教师一起阅读适合学生程度的教材，导读不只对有障碍的学生有益，对所有的学生都有帮助。

◎ 共读

共读指的是所有学生共同阅读相同的书，共读时也可将课文投影，让所有学生都能看到课文。表 9-3 提供了增进共读的策略。

表 9-3 "合作共读"策略

策略	内容
暂停	在读故事书的时候暂停一下，让学生有机会发表意见；翻新的一页后暂停一下，让学生能看图片，并自动问问题或发表意见；读完故事后暂停一下，让学生可针对故事或图片发表意见。
让学生挑选读书的地点	让学生自己选择喜欢的地点阅读。
增加学生操作书本的机会	允许学生拿书，鼓励学生随意地翻书，利用书本的特性操作书本。
适合学生的能力与兴趣	适时改编故事内容、书中用字或设计讨论的方式，让学生对故事更感兴趣。
让学生念书给你听	学生喜欢念熟悉的故事书。即使学生不是真正照书上的内容读书，也可以这样对学生说："哇！我好喜欢你念这本书的方式哦！"

三、阅读的调整

教师不能将特殊学生排除在经常性的阅读活动之外。无论使用何种调整方式，教师都要事先确定学生的理解程度。一个视觉受损的学生，可能需要图片或更进一步的描述；有听觉损伤的学生，可能要坐得较接近教师，或是用音频麦克风和耳机；一个注意力时间极短的学生，可能只能短时间阅读。

教师可改用文字搭配图片教学，让学生独立学习。对于视觉和触觉较敏锐的学生，可采用视觉提示策略，将图片或触觉信息与书面文字联结配对；对于听觉较敏锐的学生，可采用听觉阅读策略如提供录音资料、戴耳机、教师和同伴协助阅读等方法。阅读调整原则如下：

- 不用读整篇文章（减少阅读量）。
- 标示重点（可用荧光笔或将重要部分圈起来）。
- 找主题相同但内容较浅的文章或书，或找同一本书中较简单的部分。
- 用音频配合阅读。
- 和家人或同伴共同阅读一本书以增进阅读动机。
- 在读之前先看相关的视频，或是在读之后安排相关的阅读问题，让学生有机会回忆看过的内容。
- 选择不同的书给不同阅读程度及兴趣的学生，而不是要求每个学生看相同的书。
- 减少阅读时产生的挫折（如看不懂的字过多，或字数过多、字过小，造成眼睛吃力）。
- 配合各个学科提供的各种阅读种类的书籍，让学生能将课本所教内容和阅读联系在一起。

重度障碍学生也可以阅读，其阅读活动必须富有创意及弹性，目的是使学生能通过阅读进行学习。教师应教导高频字（最切身需要的词汇），可采用图文配对、实物与文字配对、相同字配对等方式。另外，教师也可以用不同的颜色区别线索以简化教学、凸显重点，再逐渐减少提示。

四、孤独症阅读

根据全语言理论[①]，认识或阅读整个词语一向比单字的学习有效。学生并不需

---

① 全语言理论（Whole language approach）是一个从 20 世纪 90 年代开始兴起的语言教学方法。过去把语言的学习分为听、说、读、写四个方面，根据全语言理论，教导语言时不该将语言分割成不同的技能然后分别传授，而应该将语言视为是一个整体的沟通系统，让学习者能够通过亲身的经验来学习。

要了解每个字后才能阅读，单字及拼音是抽象的，即便认识了一些字，也不见得就能将字组合成词语，且大多数的单字本身是无意义的，需组合起来才有意义，因此特殊学生可能认得文字却仍无法阅读一篇文章。因此，在学习单字时必须配合情境，从词语中学单字，如在吃饭时教餐具及食物名称。

对孤独症及其他发展迟缓学生而言，受限于理解能力，其阅读材料必须和个人的生活经验相关才能了解阅读的内容，也就是阅读材料所用的词汇及概念必须能和学生的生活经验相结合。如果学生常玩积木，看一本和积木相关的书就有意义，就能学会句子及概念，达到语言延伸的目的。

在阅读的过程中除了读之外还可以加入配对、选择及命名的活动。此外，每天的作息还要有机会去使用学过的词语及句子，孤独症学生尤其需要视觉提示来将字组合成句子，当然阅读也是一项很好的能增进孤独症学生语文能力的方式。通过书本来增加词汇量是很重要的，然而必须选择和学生生活经验有关的书，如选一本和学校有关的书作为阅读的开始，再以此找到其他和学校这个主题相关的书，由浅到深慢慢进入阅读世界。

语文理解之前要先能配对。所谓配对就是把一样的字放在一起，教师写出"我要上学"时，学生也要能排出"我要上学"的句子，才能认识句子意义，达到句子理解的过程。

教师	我	要	上	学
学生	我	要	上	学

根据布龙（Broun, 2004）的理论，识字的过程包含三个部分：
1. 配对：配对印好的字或句子。
2. 选择：在教师要求下拿出指定的字。
3. 命名：看到"它是什么？"的问题时，能回答出名称。

通过这样的过程，不会说话的孩子说出了第一个字，当看到的字越多时会说的字也就越多。阅读故事时仍需重复上述过程，才能真正增进学生的识字能力。同理，家长买了字卡及书时，还要应用上述过程才能真正增进孩子的阅读理解能力。

孤独症学生患有动作障碍与沟通障碍，他们可能没有办法用一般的方式回答问题与表达他们的想法。有一些可能是因为找不到合适的字来回答关于阅读理解的问题（或任何其他问题）；有一些则是知道答案是什么，但当被直接问问题并要求回答时，又表达不出来；有些学生可以毫无困难地读完一篇文章，并且确实了解文章的内容，但却无法针对文章的内容做讨论。

这时教师可以通过很多方式让学生展现他们的理解程度。例如，当问学生一些关于阅读理解的问题时，教师可以尝试下面的几个方法：给学生充分的时间回答（一分钟或更长时间）；除了把问题说出来之外，也把问题用文字的形式写下来；让学生以书写或圈选的方式代替口语回答（Williams, 1996）。

当学生完全无法回答阅读理解的问题时，教师可以用其他方法让学生将自己知道的表现出来。例如，可以让学生以画图或指出图片的方式回答，也可以让学生用符号、手势或以话剧的方式，把书中的一个场景"表演"出来，还可以让学生把书中的关键片段制作成 PPT 投影，或就文章内容相关的主题制作一幅拼贴画或水彩画。

第二节　书写与写作

书写是自我表达的呈现方式之一，在任何课程的学习中，书写都是很重要的，所有级别的学生都要学习书写，以书写作为一种方法来整合学生一整天所学的技能、策略和信息。写的技能可用在平时抄联络簿，写生字、句子，或是一段话，甚至是写一篇文章、创作故事等难度较高的写作上。无论写的内容是什么，都需要先知道要写什么，因此写是一种难度较高、较复杂的技能，其过程包括从脑中搜寻要写的字，将写的字组合成可以理解的词语。日常生活中写的机会很多，将看到、读到的内容写下来更为重要，如做笔记。写的过程包含了计划、组织、写、修改等过程，不管写的过程是什么，在写之前最好都要先组织一下思路，如先制成表格，再根据表格撰写文章。在写作前要先阅读相关的文章，整理出每段要写的重点再下笔。在阅读或写故事时，要特别注意故事中包含的人物、时间、地点、发生了什么事及如何结尾。

对特殊学生而言，学习写同样是一个重要的课程目标。写之前要先从听故事、阅读故事开始，书籍对学生写作能力的培养是不可或缺的，给特殊学生看的书要选择内容较简单或是图片较多的，再让特殊学生试着写出图片的名称，或是仿写简单的句子，也可从句子中找出某个字并学习写下来。

知道写的内容比会写更重要，至于写的笔顺或字形正确与否，对特殊学生来说就不是那么重要了，最主要的是要他们肯将自己的想法或看到的物品和事件写下来，肯写之后再谈写得是否正确及通顺。特殊学生写作时可以使用图片当作故事的开头而不用写下来，也可以说或写出一两个句子或用口述故事的方式录到录音机中，也可以和同学、朋友一起写故事。

如果书写因生理条件的限制而有困难，教师应对书写工具进行调整。例如，在书写工具上加海绵乳胶、黏土或橡胶球，使学生较易抓握；如果控制计算机有困难，教师也可以思考如何自制辅具或购买现成辅具协助学生，使之容易操作。教师给予学生的学习单也应做适当的调整，让学生可以用书写以外的方式达到与他人同样的学习目的。例如，当六年级的特殊学生被要求做一份石门水库户外教学学习单时，教师就可让特殊学生用计算机打字，不会使用计算机的特殊学生则写简单的几句话或用照片来回应。对完全无法书写的重度及多重障碍学生，可以提供替代书写的媒介材料如图片、物件、印章、贴纸、绘画等，只要能表达具体想法即可。

第三节　语文教学重点及特色

语文是教学比重最大的科目，教师需先将课程全盘了解之后，再有系统地设计课程以符合学生的需要。语文着重于听、说、读、写的熟练学习，教师必须熟悉课本内容，将教学目标整理归类，给予学生练习拼音、表达、认读及书写的机会，尤其要重视笔顺、握笔、坐姿的基本练习，并随时评估学生的学习情况，以提供补救教学。多利用白板、磁铁、印章、图片等教具，以增加教学的生动效果，教室前面的布告栏可以贴上儿歌、每课强调的词、模仿造句让学生熟悉，也可以将较难的题目贴在上面。

因班上有普通学生及特殊学生一起上课，语文教学除了依照一般语文教学过程外，还做了一些调整，调整后教学重点如表9-4所示。

表9-4　融合班语文教学重点

进入到	行为目标	结果	备注
激发动机	·聆听教师的介绍。 ·能注意聆听其他同学的发言。 ·能回答问题。 ·能倾听故事（几分钟）。 ·能和同学分享（如图片）。 ·能唱儿歌。 ·能认读以前教过的字。		
浏览课文	·能聆听教师示范朗读。 ·能跟随教师一句一句地朗读课文。 ·能和同学一起朗读课文。 ·能用自然流利的语调自己朗读课文。 ·能和同伴轮流接读课文。		

续表

进入到	行为目标	结果	备注
浏览课文	·能背诵课文（两人一组，互相纠正）。 ·能回答课文主要角色有谁。 ·能用简短的语句说出课文的大意。 ·能看图片说出图片的大意。 ·能针对课文的内容或以后的情节讨论、问问题。		
认识生字、生词	·能正确认读句子（几个字）。 ·能说出句子中有几个字。 ·能说出有哪些字不认识。 ·能找出句子中的生词、旧词。 ·能正确认读本课生字。 ·能正确认读本课生词。 ·能解释词意。 ·能将词与图配对（能理解词的意义）。 ·能念拼音。 ·能将拼音与字配对。 ·能认识生字的部首。 ·能计算生字的笔画。		
书写	·能在生字板上仿写生字，并按正确的笔顺书写。 ·将生字、词语抄在黑板或本子上。 ·能写出生字（几个）。 ·能写出生词（几个）。		
内容研究	·能听音频排列句子（听指令找出词语、句子）（几个句子）。 ·能看图说话。 ·能看图组句（几张图）。 ·能回答问题卡。		
形式探究	·能熟读句子（引进句型）。 ·能用图片替换词语。 ·能用词语替换词语（记录词语替换的流畅性）。 ·能替换括号中的词语： a. 主词。 b. 动词。 c. 形容词。 d. 副词。 e. 其他。 ·能用生字组词。 ·能用生词造简单的句子。 ·能把排乱的字重新组成正确的句子及配对。 ·能用图片配对与生字相关的词语。 ·能做字的组合及配对。		

续表

进入到	行为目标	结果	备注
综合练习	・从词卡中找出相同的字。 ・从句卡中找出相同的词。 ・从课文中找出相同的音（押韵）。 ・查字典。 ・角落延伸活动（从字典中找出同部首的字）。 ・能联想相关的字、词、句。 ・能写心得。 ・能进行小组及个别的习作讨论及练习。		

为了让教学能符合普通学生及特殊学生的需求，融合班教师做了下列教学安排（表9-5）。

表 9-5　融合班语文教学安排

特殊安排	项目		一年级 彭老师	二年级 吴老师	三年级 徐老师	四年级 蓝老师	五年级 史老师	六年级 范老师	备注
写日记/周记或其他文章	配合单元一周次数			√1	√1	√5~7		√1	
	未配合单元		√			√	√		
	有考虑特殊学生需求		√		√	√		√	
	评分方式	等级	√		√				
		分数						√	
		其他		√			√		
	奖励方式	物质奖励							
		社会性奖励	√	√	√	√		√	
		其他			√				
阅读	书的来源								
	书的数量				40		不定		
	撰写心得			√	√	√			
	阅读单		√	√	√		√	√	
	阅读时间	校内	√			√			
		回家	√	√	√		√	√	
	有考虑特殊学生需求			√	√				

续表

特殊安排	项目		一年级 彭老师	二年级 吴老师	三年级 徐老师	四年级 蓝老师	五年级 史老师	六年级 范老师	备注
阅读	评分方式	等级	√						
		分数							
		其他		√			√	√	
	奖励方式	物质奖励					√		
		社会性奖励	√	√		√	√		
		其他							
唱儿歌／童诗／说故事	配合单元一周次数		√ 1~2	√ 1	√ 1	√	√ 1	√ 0~1	
	未配合单元								
学习单（上课使用）	每一课特殊学生学习单数量		2~3	2		2~3	4	2	
	每一课普通学生学习单数量		2~3	2			4	2	
	使用方式	激发动机				√		√	
		发展活动							
		综合活动		√		√	√	√	
		其他	√						
	有考虑特殊学生需求		√	√		√	√	√	
	奖励方式	物质奖励							
		社会性奖励	√	√		√	√	√	
		其他				√			
家庭作业与评估	多久指定一次		每天	每天	每天	每天	每天	每天	
	普通学生作业内容	以课本练习为主	√	√	√			√	
		单张作业单	√	√	√			√	
		以增进语文能力为主	√	√	√		√		
		其他		√			√		

续表

特殊安排	项目		一年级 彭老师	二年级 吴老师	三年级 徐老师	四年级 蓝老师	五年级 史老师	六年级 范老师	备注
家庭作业与评估	特殊学生作业内容	和普通学生一样，但请家长协助完成	√						
		和普通学生一样，但做多少算多少，量力而行		√					
		和普通学生一样，但降低分量						√	
		另出	√	√	√		√	√	
		其他					√		
	作业评分方式	等级	√	√	√				
		分数					√		
		其他		√			√		
	作业奖励方式	物质奖励							
		社会性奖励	√	√	√	√	√		
		其他（展示、张贴分享）			√	√			
	普通学生评估内容	以书面测验为主	√	√	√		√		
		实践操作评估					√		
		过关游戏为主							
		档案评估	√	√	√				
		其他		√					
	特殊学生评估内容	和普通学生主题一样，但降低难度	√			√	√	√	
		和普通学生主题一样，但以实践操作评估为主	√			√	√		

续表

特殊安排	项目		一年级 彭老师	二年级 吴老师	三年级 徐老师	四年级 蓝老师	五年级 史老师	六年级 范老师	备注
家庭作业与评估	特殊学生评估内容	另出	√	√	√	√	√	√	
		档案评估	√	√	√				
		其他							
	评估评分方式	等级	√						
		分数		√	√	√	√	√	
		其他		√					
	评估奖励方式	物质奖励							
		社会性奖励	√	√	√	√	√	√	
		其他				√			
其他									

第四节 语文课程调整

普通班使用的课程通常都需要改编以符合特殊学生的需要，最普遍的学科调整方式为简化课程内容及改变作业要求（如给予较长的上交期限），表 9-6 汇集了每个特殊学生课程目标、增加课程参与及作业安排的情形，以了解语文课的调整方式。

表 9-6 融合班特殊学生语文课课程参与及作业安排记录表

年级	姓名	课程目标	增加学生参与的上课安排	作业安排	哪些需要再调整
三	A生	·能描述事物。 ·能做联想游戏。 ·能口述造句。 ·能记住一个字。 ·能仿写句子。	·伙伴朗读。 ·简单的组词联想。 ·回答问题。 ·小组创造。	·画图。 ·学习单。 ·录音。	课程上能多让他参与小组讨论。

续表

年级	姓名	课程目标	增加学生参与的上课安排	作业安排	哪些需要再调整
四	B生 C生 D生	·了解父母的爱与期望。 ·关怀大自然。 ·欣赏作者写景、动物的手法。 ·关怀动物——对迷你马的同情。 ·能说出如何做某种"两难之事"的决定，当时的想法及考虑。 ·探讨生与死的生物性意义及情绪、心理。 ·探讨"叶子"的担心。 ·如何健康面对死亡。 ·能共读或分组读，再讨论、表达想法。	·由学生制作字卡并表达。 ·问课文中较简单的问题，并指导其答案所在。 ·两人一组，写段落大意并发言。 ·由教师或同学提示朗读至文章何处。 ·简单连接词做口头造句。 ·制作句子字卡，排列成文章中的句子或重点。 ·分析文章中的"时间""地点""情况"，且利用字卡进行排列，并给提示。 ·一段段分析文章时放慢速度，并询问相关经验。	·语文本： B生通过母亲提醒可完成。 C生与母亲共同讨论，由母亲代笔或帮其修改为较为通顺的句子。 D生日记简写，写课本中喜爱的句子即可。 ·阅读日志。 ·看图写一写：可代替日记或阅读日志，由学生自行决定是否做此作业。	·写生字卡：表达时给予部分协助。 ·作业单： B生可做思考性问题，有时可用口头回答需写较多文字的作业单。 C生需给予部分提示。 ·生字词语本。 ·画插图：可自由选择较易表现的语句自由绘画。
五	E生	·习生字。 ·习生词。 ·造句练习。	活动： ·写生字。 ·词语接龙。 ·我会接着写——造句。 教具： ·水果图。 ·词卡。 ·句卡。 ·故事图片。	·作业单。 ·日记练习。	课程：需要能力较佳的同学带着练习。 作业： ·给予具体的提示。 ·放大字体。 ·简化作业内容。
六	F生	·善于观察，用多种角度观察事物。 ·知道世界是多姿多彩的。	·字卡。 ·图片（仔细观察比较两张图片的不同）。 ·音频。	·作业单。 ·作业本（生字、字词造句、阅读）。	·用描写完成作业。 ·用剪贴或连一连完成作业。

第五节　教师访谈

问：如何教写作？

答：首先要写草稿，写一行空一行。空的那行是给他人订正用，用别的笔在旁边写，帮他修改。给老师看之前，要先给家人看，家人会告诉他该怎么改，还要给两个同学看，给他提意见。看完之后，最后才送到我这边，我再来看，家长、同学已经帮他们修改好了，我就不用那么累，我可以慢慢看。我给学生传输的观念是，这不是写作文，也不是只在课堂上写。平常上课过程当中，他们要做跟这个单元主题相关的创作。讲到这些文章的时候，他们可以模仿这些文章去创作，我要他们仔细看，随时提醒他们，到时候你要定一个题目，不是我定题目，你们可以模仿这些文章，我们这星期就是要创作这篇文章。如果灵感来了，一天就可以写完，如果灵感还没来你可以慢慢写，先想第一段、第二段。我会每天上课都提醒他们，问开始写了没有？写到哪里？有人说我已经写完了，有人说我还没有写完，大概看他们写多少，或是有什么问题可以找老师问，让他们知道那是自己的创作，是自己的事，不是要交一个作业，不是老师规定题目后要在这两节课写出来。这个星期你有灵感的时候写，但是要在星期几之前交。写好了，给家长看了没，还没，要先给家长看，看完了要给同学看，问谁要看他的文章，他们要自己练习改，他们自己看别人的文章要给他意见，要帮他修正，否则有些人只是看看，签个名。有时候我会让他们在课堂上交换看，有些人就比较认真，会说我觉得这句话可以怎么改，我说如果你有什么意见，你就帮他写在旁边，每行有一行的空白，然后主人可以自己决定要不要采用你的意见，他觉得好就采用，不好就不采用。他们想法还没出来的时候，我就大胆跟他们讲，你们就写在旁边，主人说老师他把我的文章改了，我就说你要用就用，喜欢你就用，不喜欢你就不要用。写完之后，我会盯着，其实还是要给他们期限的压力，每天会提醒他们谁写完了，我会给他们3~4天或4~5天写。有的就会写得很长，他有灵感，然后我给他鼓励，说这个点子很好，你可以想怎么写就怎么写，他就会写得很好，不一定像作文的形式，就是让他练习去发挥，我没有限制形式。我很讨厌改作文，改作文好累，每次改他们作文，常常改好几个星期。有的学生的文章改很久，他为什么这样写，我想给他什么意见，因为家长也会看。有些学生写得很烂，像小玮永远只有一段，乱七八糟，完全没有结构，这种就要拖很久，你就和他慢慢拖，反正一定要交，我会修改，教他写。有的是放手不管，慢慢写，但一定要把它做完。

问：教师现在对学生语文课的期望、目标是什么？

答：大组里面学习障碍学生的能力算是很不错的，平常我希望他们的字可以再多积累一点，读很不错，他们三个的考试内容跟一般学生不一样，考一篇文章里面常听到、用到的词，加一些常听到的成语，如认字方面会用到的，要求他们会造句，会写出来，会默写，他们的词是较生活化的词。如果是阅读方面，三个学生程度都不一样，现在文章那么长，对他们来讲是比较难的，但是他们回去还是有读，我会给他们一张阅读的作业单，别的学生都没有，一段一段问，他读完第一段，我给一个问题，他从第一段找出答案。他们在阅读的时候做的功课就是看完之后问一个问题，看是否看懂了，要去搜寻答案。文章的结构对他们来讲太难了，我不会要求他们，但是上课时会分析，以问他们文章内容为主，有时候会一段一段讨论，也是为了他们，因为他们当场听到了就会回答，有些文章不会再重读，就直接讨论结构等。有些东西比较抽象，对他们来说比较难。

问：是因为现在是高年级了吗？

答：有些他们不容易理解的文章，我会在分析结构的时候要求他们一段一段讨论，然后问他们一些问题。浅显的文章，他们读了可以懂。其实这需要一直积累，不能断掉。语文的东西就是要积累，可能他们考过不久又忘了，下次还会考到同样这个字，但是是用在别的词上面。写的话真的是比较难。

问：平常要他们练习吗？

答：一定要啊，平常一定会练习的。

问：还是会增加他们的分量？

答：分量不会，但是练习词语会，我不会要求学生写两次词语，可是他们三个我就会这样做。我考词语，让学生自己造句写题目，从他们造的句子里选出考试题目，他们会自己去准备。我不会叫他们写两次词语，因为他们要自己练习把词语学起来，我不会带他们复习，我只会说考词语。但是他们三个，我会特别让他们写两次词语，看他们三个在写上面有没有什么问题。

问：一般的学生是叫他们做词语造句是不是？

答：他们也有造句，特殊学生也有造句。

问：所谓考词语是？

答：考词语就是所有的词语都要考，二三十个词语，意思是说，我不会特别给学生一个作业说要写第几课的词语两次,我不会有这种作业,他们要去准备这两课所有的生字词语。

问:学生会怎么去准备呢?
答:我就说要考词语,他们就知道回去准备,他们要主动去准备,我不会带他们复习。可能有些人不认真,练习时间比较少,有些人能力很好,他不用练习也都会,就没有要求他反复练习。为什么要准备这个东西,是因为要用在写作上,如果写作没有问题,我不会要求练习这么多次,我会让他们多写东西。我觉得日常生活,比如他们写作或是他们写功课的时候,他说有不会的字,我就让他们写拼音,他们没有所谓生字的抱怨,你只要不会就全部用拼音,要求他们有这个观念,但是一开始会有一个限制,就是这课的常用词是哪些,因为那本书有列出来生活常用词,我就考他们那些生活常用词。特殊学生考词语和一般学生考词语不一样,要出两份。

问:考试的方式除了考词语,还有什么形式?
答:平常就是考词语和写作业,只有期中、期末考试才会考比较大的东西。

问:还会考说话?
答:那是期中考,我想不要一直练习模仿造句,我没有考那个,我想用活动式的,考不一样的。

问:孤独症学生也是这样子考吗?
答:小强是,因为他父母配合得很好。别的学生要准备三个问题,当天抽到什么就讲什么,小强是考试前先让他选一个题目,回去的时候我先跟他父母说,期中考给他一个题目,让他在家练习,他父母就会问他,陪他准备。题目是《下课十分钟在干嘛》,他可能讲过,他父母帮他整理好,要求他背下来,小强很厉害,他可以背下来。上台之后他开始把背的念一串,然后说:我的演讲说完了,谢谢大家,然后下去了。因为他背得太熟了,口齿不清,没有慢慢讲,只是从头念到尾,他的声音有时候听得不是很清楚,听不大懂,所以我叫他过来,私下再慢慢讲给我听。小婷也是,妈妈回去也是叫她准备,题目一个星期前她就知道了,我跟她说你要回去练习,讲给家人听你看到了什么。小聪也是,他父母也要他讲给他们听,帮他整理,先说什么、再说什么、后说什么,让他知道顺序,然后就会讲。我会在私底下找他们,引导他们讲,他们回去再说给家人听。因为如果光叫他们讲的话,等于没有知道他真正的能力是什么,回去练习后,他们就不会害怕。其实就是让他们练习,让他们不怕上台讲。

问：如何教认字？

答：有一个常用字表，我就说你们回去自己选十个查。有时我会列几个，这几个一定要会，我先列在一张纸上，比如说我列十个，学生说这些学过了，我就删掉，再列十个我觉得他们应该要会的字，可能最后只剩五个，那么他们自己再找五个我没有列出的。有时候很简单的字，我发现他们没有学过，我也不知道他们以前学过多少字。有时候到高年级，我们用这种方式学生会有疑问，每一个年级教材版本换来换去，已经乱掉，我跟他们说，只要你看到不认识的字就是生字，学生就没有疑问了。他们将所有在文章报纸、日常生活、电视新闻，常看到的、阅读到的，他们去整理。在练习前规定学生应该学到多少生字，通过打勾的方式知道他们已经认识多少字。从平常生活中，他看到的东西太多了，读文章的时候我发现他们遇到一些字就是不会读，我立刻教他们读。平常我们阅读，也常遇到一些不懂的字，我给他们一种观念，不懂就去查，那就是生字，不是老师规定的字才叫生字，才是我要学的，自己要会练习，因为你不懂，你就要去学。要很努力跟他们讲这些观念。

问：观点非常不一样，可能不仅教学生生字，也教一种观念？

答：对他的态度上是有帮助的，但是培养他们主动学习的观念可就不是那么容易了，要去推，要去盯，学生的个性太多了，一个东西下去，每一个学生呈现出来的程度都不一样，有的 20 分，有的 30 分，有的 100 分。我会比较在意观念的东西，有些观念是学生给你的，他们很直接表现出"为什么这样子"？

问：特殊学生有办法自己一个人阅读吗？

答：特殊学生要看状况，有的学生可以，看他的能力。像我带大组的时候，我的方式就是让他们几个人一起共读，因为三年级的普通学生有一些已经可以自己看小说，像《哈利·波特》都不知道已经看几次了，像什么《魔戒》啊，他们最爱看了，字很小又很厚，他们照样看，所以我就让他们自由阅读。特殊孩子的话，因为是大组，所以他们的程度也不至于太差，如果有拼音的话，他们还是可以读，所以我那时候就把三个学生集中在一起，挑一本故事书我读一段，让他们三个轮流读，把那个故事书读完，之后那个故事书后面有问几个问题，我就请他们念题目，然后轮流回答，那我大概能知道他了解了没有。有的学生就比较了解，他了解之后回去写，把知道的写下来。有的学生不擅长写，但是他会画，像小强就挺会画的，他有时候不愿意写，有时候愿意写，看他当天的情绪怎么样，他可能不会做总结，只是抓其中一个问题把答案告诉我，我会跟他说让他把那个画下来或是写出来。特殊学生就是这样子，能力更差、更低的学生可能就会念故事给他听，他如果自己会念，就请他念给我们听，让他看图说故事。我是这样慢慢带上来的。

问：在这种情况下小强怎么学会识字的？

答：他家教很严，他父母从小就发现他识字能力是天生，挺不错的。听他们说，他从一年级进来就已经比一般的普通学生认识很多字了，平常一大串从头到尾都自己读。他最喜欢读书、翻书，他有某一类很喜欢的书，他很喜欢看字，看那里面在写什么，随便他看到一张通知单他都一定要去读，一定要读完里面的内容，知道这是在干嘛，没有读完他就不离开，报纸他也很喜欢读。他的能力挺不错的，他不是属于各方面都比较落后的，他某部分能力很强，像他认识交通，他可以知道所有的站，几点几分有什么火车，几点出发；高速公路中间经过哪几个收费站，先经过什么，再经过哪些，经过哪些道路，他只要去过，他都认识。

问：我以为注意力不集中，这些都没有办法学起来。

答：普通学生里面也有注意力很不集中的。其实很多学生很聪明，或是思考能力很好，有能力，只是在注意力方面比较不行。像他其实可以一对一教学，只是在团体里面他没有办法，普通学生会专心听老师在讲什么，可是他会觉得这不关他的事；一对一教他，他可以非常专注，你盯着他告诉他现在要做什么事情，盯着他一个一个做，一步一步做，他会很专心。从小他爸爸妈妈教他写字也是，他写字有时你会完全看不出来他在写什么字，笔画凑在一起，你会奇怪他怎么可以把字学起来。他写字挺漂亮的，只是他不记得字。

问：不记得字？

答：就是不记得怎么写这个字，他认得这个字，会念，但是你要他完全不看，讲一句话要他把这些字写下来，他会记不起来，有几个很常用的字会写，可是没有办法写每个字，我们班很多学生都是这个问题。小婷也是都会读，认字非常多，读得很顺，可是字的笔画太复杂了，会搞混，记不起来。像"我们"，"我"常写，"们"要有个门，或是要有个人字旁，他们就想不起来。太多字了，有些字搞混了，有些是不常写，但是他们都认得，都会读，文章理解还不是太难，因为看得懂。

问：听、说、读、写中写是最困难的？

答：写的部分，比如写作、写自己说的话，小聪比他们好，小聪除了会读外，大部分也会写。

问：如何教阅读？

答：用小组的方式阅读，每组都有一本书，有四篇文章，这个小组先念这篇，第二小组念这篇，第三小组念那篇……有的组里面有特殊孩子，特殊孩子要念出来。普通学生自己看就可以看得懂，不用读出来，可是特殊学生不行，自己看就不知道跳到哪里去。像小强还是小聪会乱跳，我会要求那个小组要小声地念出来，一人轮流念一段，他就会听别人念，我当然会选同学在旁边协助，他就知道听别人读，指着读，轮到他的时候要自己读。他们那组会自己协调好，谁读第一段，谁读第二段。每一组读完之后，给教师一个手势，说那组都读完了，读完了就可以看那本书的其他文章，等其他组读完。四组都给我手势之后，我知道四组都读完了，我就说换，他们就换另外一组读第二篇文章，就是把书换到那一组。原本是要让他们换座位，书放在桌子上，像图书馆一样换到那个区域，他们说老师我们换书好了，换座位比较累。

第十章 数学教学调整

在融合的议题上,最关键的是确认普通班课程中哪些数学技能是最要紧且有意义的。数学课无论是使用何种教材或进行何种活动,皆应着重课程的实用性与趣味性,教师也要注意各相关单元中数学概念的联结,尽可能提供学生不同的教材、活动等,以维持其对学习的主动参与性。

第一节 数学的要素

数学是课程中较抽象的部分,如何运用引导的技巧让学生理解深奥的概念是非常重要的。首先要先了解为什么要学习数学,根据美国全国数学教师委员会(National Council of Teachers of Mathematics, NCTM)在2000年所提出学习数学的原则与标准中,数学教学共有六项要素,内容如下:

* 不管学生来自什么样的背景、具有什么样的能力,数学适合所有学生学习。
* 数学和生活是相关的,数学学习是统整的,因此数学不能只教某些片段,要让片段结合成一个整体。例如,当你教 $2+2=4$ 时,要和日常生活结合,所教的任何方程式、算式、应用题都要有机会用在实际生活,否则光会计算,不知道它代表的意思就没有意义。
* 教师教学时要非常了解数学的内容,并了解学生在数学能力的限制,如特殊学生可能无法学习乘法及除法,还要知道如何运用学习策略来帮助学生学习数学。
* 了解学习数学的目的,以助于问题解决、思考及推理。
* 不断地评估以了解学习的盲点。
* 数学教学的技巧如下:
  · 要教基础的技能、定义(如加法的定义及概念)。
  · 提供直接教学及引导教学的策略,在问题呈现及解决方面提供直接教学,使用图表、教具,用提纲挈领的方式来介绍及引导相关的概念,让学生能独立作业、自我订正。
  · 教导了解概念先于运算,学生了解如何获得答案远比只告诉学生答案来得重要。学生在学习任何内容时,最重要的是是否理解所教的内容。把问题用画画、数字或算式来呈现,以协助学生理解问题。

第二节　特殊学生如何学数学

根据美国全国数学教师委员会的建议，数学最重要的功能是教学生如何解决问题。对特殊学生而言，则必须通过故事或是文字问题才能让特殊学生进入数学的情境解决问题，教师可将生活中常见的事物或图片放在数学应用问题里，以增加学生对数学的兴趣。教师须充分了解学生目前的优势能力，教学内容尽可能安排实用的技能，如买卖、分发、包装、简易理财、数字的辨认及配对等。

特殊学生多半缺乏逻辑思考能力，因此数学教学尽量采用操作的方法。例如，教"找出有几个形状"这个单元，可让学生玩积木游戏，再让学生算出用了多少积木、每种形状的积木有几个。如此，教学必可变得较为生动。教学不只是教师单向的讲述，还包括与学生的互动，下列步骤将用来协助特殊学生了解包含文字的数学问题：

1. 先让学生学会简单的式子运算（如 $1+1=2$），再导入应用问题。
2. 安排一些有故事情节的应用问题，让学生熟悉如何在故事情境中作答。
3. 一次介绍一种类型的问题。
4. 教学生阅读问题，并将问题可视化，让他们先读一遍，再告诉他们问题的内容。
5. 要他们再读一遍，让他们看看如何解决。
6. 将重要问题找出并写下来。
7. 找出其他重要信息中的问题。
8. 重新阅读故事问题，再用数学式子表达，教师需扮演引导的角色。
9. 用数学式子写下题意，并算出答案。
10. 再读一次题目，以确定是否正确地回答问题。
11. 问学生如何算出答案，讨论谁的答案较正确。

一般而言，学生先从具体的维度来学习，因此教学需先呈现具体的实物；如果学生已能看懂图片，就可进入半具体的阶段，使用图示的方法，如用画圆圈或画线的方式来呈现；当学生已能了解半具体的方式，再要求其用抽象的方式，如用数学式子来呈现。这里所说的具体、半具体及抽象的例子如下：

具体：使用物品（如积木）。
半具体：使用图片或画圈（将数量用图来表示，如3颗糖果用3个圆圈来表示）。
抽象：使用数字。
如何运用上述具体、半具体及抽象的方式来解题，可详见下面的例子：

例：小明每天从他的储蓄罐拿两块钱当他的零用钱，请问 10 天后，他从储蓄罐拿了多少钱？

1. 具体阶段：将每天的两块零用钱铜板放在每天的格子中，累积至第 10 天，再将所有铜板数一数就知道共拿了多少钱。

天	1	2	3	4	5	6	7	8	9	10
钱	○○	○○	○○	○○	○○	○○	○○	○○	○○	○○

2. 半具体阶段：

（1）将每天的零用钱用铜板或画圈的方式表示。

（2）先数每天的零用钱，并把数字累加。

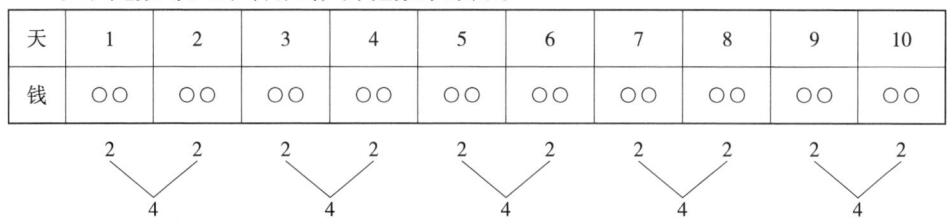

3. 抽象阶段：使用乘式来解题。

$2 \times 10 = 20$

此外，特殊学生也可通过操作学习复杂的数学概念。即使是像代数这种较抽象的概念，也可使用具体的方式来呈现，因此特殊学生也可以学习代数。以下将用操作的方式，让特殊学生能解含一个未知数的代数方程式：$3a + 2a + 5 = 20$。在这个方程式中，a 为未知数，未知数对特殊学生而言是一个抽象的概念，因此，可以教特殊学生用纸盘代替 a。在这个算式中，$3a$ 是用 3 个盘子表示，$2a$ 用 2 个盘子表示。

当 a 用盘子代替，就可以将盘子加起来，也就是将未知数加起来。因此，算式左边有 $5a$ 或 5 个盘子，原来的算式就变成 $5a + 5 = 20$。这时，请学生将 5 个盘子排成一列，上面放雪花片或豆子。

接着将豆子和数学运算符号（＋ － × ÷）带入算式中，将原本的算式放在上排，下排则放 5 个盘子，再在 5 个盘子旁边放上"＋"号，"＋"号的旁边放上 5 颗豆子，代表"＋5"，再放上"＝"及 20 颗豆子，如此就可将算式具体化。

另一个方法是教学生将抽象的代数方程式想成放在天平或跷跷板上，在等号和天平两边的数值必须是等值的或一样重的。要算出未知数，要将其留在等号的左边，数字留在右侧。因此，我们将"5"由左侧移到右侧。但是，这样会使天平或跷跷板往右侧倾斜（因为左侧减轻了一些重量），因此必须将右侧也拿掉"5"。

将代数方程式（$3a + 2a + 5 = 20$）放在天平上，将等号两边的数放在天平两侧，可视为等号的两侧数值或重量相同。

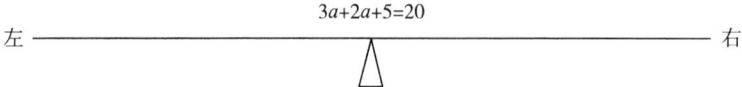

当把 5 颗豆子从左边拿掉，左边就比右边轻了 5 颗豆子的重量。现在天平就呈现不平衡的状态，右边比左边重。

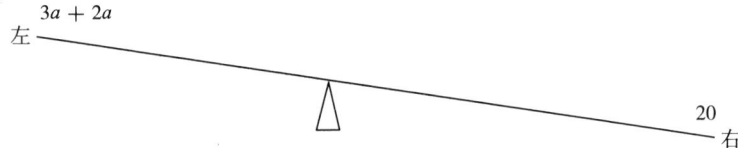

要保持平衡状态，就要把右边的豆子也拿走 5 颗才能恢复平衡。

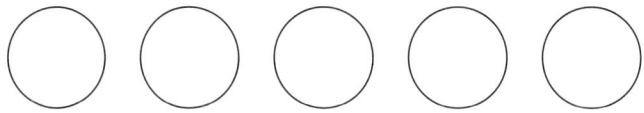

一般普通学生可以在脑海里浮现具体的过程，但对于有数学障碍的学生来说，可能必须通过具体的操作，才能了解式子代表的意义，让他们实际操作豆子和盘子，会帮助学生将问题具体化，也可让学生看到并了解问题解决的过程。在本例中，一元一次方程式可以变成一个除法的应用问题："5 个盘子的豆子加上 5 颗豆子等于 20 颗豆子，那每个盘子装了几颗豆子？"

画出 $5a+5=20$。

步骤一：画出 $5a$。用圆圈代表未知数 a（$3a+2a$ 变成 5 个圆圈，每 1 个圆圈代表 1 个 a）。

○　○　○　○　○

步骤二：画出 "$+5$"$=20$。用横线代表 10 以下的数字，5 条横线代表 5，竖线代表十位数，2 条竖线代表 20。

$+\ \equiv\!\equiv\ =\ ||$

步骤三：画出 5a+5=20。等号左边用 5 个圆圈代表 5a，5 条横线代表 5，等号右边用 1 条竖线（等于 10 条横线）及 10 条横线代表 20，接着除去等号左边的 5 条横线，同时也除去等号右边的 5 条横线。

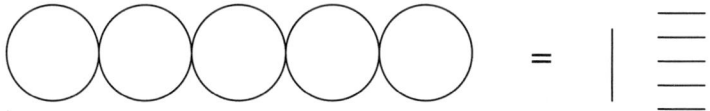

步骤四：当等号左边及右边都除去五条横线后，左边剩下 5 个圆圈，右边剩下 1 条竖线及 5 条横线，共"15"条横线，代表 15。

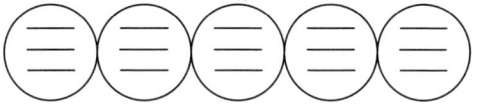

步骤五：将右边的数值平均分到左边，将 15 条横线画入圆圈中。

步骤六：在每个圆圈中，有 3 条线，所以可以得到"a=3"。

也就是要将 15 除以 5，算出 a 的数值，可得到"a=3"。如果学生不会除法，还可以用更具体的方式，让学生在 5 个盘子上放豆子，每个盘子要放一样多的豆子，放好后再加上 5 颗豆子总数要等于 20，这样就成为一个"数一数"的问题。因此，要算出"a"的值，学生可以计算 1 个盘子中豆子的数量，会得到 a=3。

第三节　数学调整范例

小铃老师是一名小学教师，班上共有24名学生，其中男生10名、女生14名，年龄在6~9岁之间。班上学生中，有2名为资优学生，有5名需接受特殊教育服务，其中3名为学习障碍，1名为脑性麻痹伴随中度智力障碍，1名为注意力缺陷多动障碍。

以数学课为例，小铃老师希望能增加班上学生社会互动及领导技能，因此在课程中安排小组合作学习活动。希望通过合作学习，让融合班的学生学会轮流、倾听、回应，并且同伴间有积极的互动。

除此之外，小铃老师也针对课程内容予以调整。学期中有一单元主题为"时间概念"。小铃老师将课程目标定为"能以秒、分、小时为单位报时"及"解决与时间有关的问题"。小铃老师参考学生各自的程度进行多层次教学活动，例如，在中度智力障碍学生的个别化教育计划中，为这个单元主题设计了诸如对应数字1到20、轮流、手腕旋转技能（开门、开锁）的目标。另一名数学学习障碍学生的个别化教育计划目标则为能正确数数到百、指认数字1到50，上课时将报时的课程简化，以符合他的数字能力。在活动流程方面，小铃老师也做了调整，她采用角落教学及多层次教学，将设计的活动依程度编号。这些活动有些是学生必须完成的，有些则是让学生自行选择，也会设计与同伴互动的活动，例如，每名学生都有几张待完成的工作卡，上面列出需完成的工作。活动中，中度智力障碍学生和坐在他两旁的同学为一组，每个人交出自己的工作卡，混合洗牌后，将卡片堆高排成一列，排在最上面的工作卡是谁的，谁就需将该项工作完成。普通学生可为特殊学生读出工作卡上的内容，并与特殊学生一起完成工作。例如，一名特殊学生需转动时钟上的分针，当他停止时，普通学生则要读出时间为几时几分几秒，同时特殊学生也需指出正确的数字卡。

为了让教学能符合普通学生及特殊学生的需求，我们调查了融合班教师做了哪些教学安排，如表10-1所示：

表10-1　融合班数学教学安排

特殊安排	项目	三年级	四年级	五年级	六年级	备注
数学日记或故事	配合单元一周次数	√			√	
	未配合单元次数					

续表

特殊安排	项目		三年级	四年级	五年级	六年级	备注
数学日记或故事	奖励方式	物质奖励			√		
		社会性奖励	√		√	√	
		其他（作业本）					
家庭作业		多久指定一次？	每天	每周三次	1～2天	课后每周三节	
	普通学生作业内容	以课本练习为主	√	√	√	√	
		单张作业单	√	√	√		
		其他（作业本）				√	
	特殊学生作业内容	和普通学生一样，但请家长协助完成		√	√		
		和普通学生一样，但做多少算多少，量力而行			√	√	
		和普通学生一样，但降低分量		√	√		
		另出	√	√	√	√	
		其他（目标评估）		√			
	评分方式	等级		√	√		
		分数			√		
		其他（盖章、贴纸）	√		√	√	
	奖励方式	物质奖励		√	√	√	
		社会性奖励	√	√			
		其他（独立个体、口头鼓励、和自己比较）			√		
评估	普通学生评估内容	以书面测验为主	√	√		√	
		以实践操作进行评估		√	√		
		过关游戏为主		√			
		其他（口头说明）			√		

续表

特殊安排		项目	三年级	四年级	五年级	六年级	备注
评估	特殊学生评估内容	和普通学生主题一样，但降低难度		√	√	√	
		和普通学生主题一样，但以实践操作评估为主		√	√		
		另出	√	√	√	√	
		档案评估		√		√	
		其他					
	评分方式	等级		√	√		
		分数		√			
		其他		√			
	奖励方式	物质奖励			√		
		社会性奖励	√	√			
		其他					
题库		配合单元一周次数		1			
		未配合单元			√	√	
游戏数学/合作解题		配合单元一周次数	2~3	√	2~3		
		未配合单元		1			
学习单		每一课特殊学生学习单数量	不一定	1			
		每一课普通学生学习单数量	不一定				
	使用方式	激发动机			√		
		发展活动	√	√	√		
		综合活动		√	√		
		其他（配合学习状况）				√	
	有考虑特殊学生需求			√	√	√	
	奖励方式	物质奖励					
		社会性奖励	√	√	√	√	
		其他			√	课前10分钟计算练习	
	其他（课前10分钟计算练习）						

第四节　数学调整教学教案

教案调整的方式为找机会将特殊学生的教学目标插入教学流程中，并在教学目标上标记为特殊学生目标（用"特"代表），表 10-2 展示了一年级数学教案。

表 10-2　一年级数学教学教案

材料	教学活动	教学目标	时间	评估 特1	特2	特3	特4	普
一个真实的钟表、无长短针的钟面两个	一、准备活动：激发动机 1. 请学生看时钟告诉老师长、短针各指到哪，教师做记录。 2. 进行下一个记录时间的活动，让学生知道长、短针会因为时间的流逝而旋转。	·会辨别长、短针。 ·会说长针指到哪。 ·会说短针指到哪。 ·会发现长、短针指的数字一直在改变。 ·会将时钟内 12 个数字与数字配对（特）。	5分	√ √ √ √ √	√ √ √ √	√ √ √ √	√ √ √ √	√ √ √ √
大、小型教具钟	二、发展活动：能报读并拨出几点半 1. 将教具钟的长针指到 12，短针指到 1，问学生几点钟？ 2. 一点的时候，数字钟上面写什么字？在黑板上画出空格： ＿＿＿：＿＿＿ 让学生填空。 3. 请学生用教具钟拨一点钟。 4. 教师把长针转到 12，短针转到 2，问学生几点钟？ 5. 请学生拨两点钟。 （重复步骤 1 至 5）	·能答出一点钟。 ·能说出长针指到 12，短针指到 1（特）。 ·能看着数字钟说出一点钟。 ·能填写数字钟的形式。 ·会拨一点钟。 ·会拨数字钟 1:00（特）。 ·会用短针拨整点（特）。 ·会答两点钟。 ·会说长针指到 12，短针指到 2（特）。 ·会拨两点钟。 ·会拨数字钟 2:00。 ·会拨动时钟（特）。	15分	√ ɸ √ √ √ √	√ √ √ ɸ √ √ √ ɸ √	√ √ √ ɸ √ √ √ ɸ √	√ √ √ √ √ √ √ √	√ √ √ √ √ √ √ √

评估标准：√ 独立完成，ο 独立完成一部分，ɸ 需要协助。

第五节 教师访谈

问：您上数学课的时候，如何符合及兼顾特殊学生和普通学生的需求？

答：目标要先清楚，就是这堂课教师设计的目标。特殊学生没有办法像普通学生一样每个目标都达到，在这个活动里面他能够达到几个目标。也就是说教师在设计这个活动时，他尽量能够参与。

问：数学课如何针对特殊学生做课程调整？

答：要看每个学生的状况，有的学生一堂课专注时间只有10分钟，就要设计10分钟的课程给他。例如，上乘法时，连加法都不会的学生，在课程中就要包含他们可以学的东西，要了解学生目前需要的东西。课程已经有调整，再加上一些上课的方式，让学生有参与的机会。

问：在小组里特殊学生学习的时间会不会多一点？在大组里会不会学的都是普通学生的东西，学习的时间相对比较少？

答：不一定小组时间就比较多，大组时间就比较少。如果学生的注意力只有五分钟，到大组是五分钟，在小组一样是五分钟，和孩子的状况还有他目前的能力有关系，不一定是大组、小组的关系，很难说学生这堂课可以专注几分钟。还有一学期数学有12个单元，不一定是所有单元都能参与很多，也许这12个单元里面有某些单元很容易参与，有些单元参与的程度就没有那么多，这不一定。

问：课程调整除了内容调整还会有哪些调整？例如会不会特别设计教具？

答：三年级在上"时间"这个单元时，如3月12日到4月1日经过多少天，教师会设计一个实际活动让学生去算。普通学生不需要用日历，但特殊学生需要，因为他可以在日历上做，这种方式是实作，而普通学生是用运算，一个月几天，扣掉几天，利用加减去算。普通学生操作5道题，特殊学生就操作2~3道题，减少题目、降低难度、给予教具，然后还安排普通学生教他们。分组也是课程调整。课程调整有很多种，不一定同时都用，有时一堂课调整一样就好，也许教具只给日历，也许是调整题目难度，同样的作业单每人一张，但是他的题目就变简单了。这有很多种状况，和学生的程度还有上课内容有关，没有一定是怎么做，只是有这几种可能的做法。

问：教师比较常运用到的数学资源是什么？

答：会先看大概教哪个单元，就把那些单元的教具先借下来，课本上有很多东西是可以看的，要补充那个课本的东西。特殊学生的部分会参考一些市面上做得很好玩的东西，类似游戏本或是一些教材。由于数学方面的教具台湾其实挺少的，所以把小学课程目前市面上有的大多都买了下来，然后再做分类，教学时就大概知道哪些学生适合哪些游戏。

问：分数的概念对特殊学生会不会很难？
答：因为有教具可以操作所以不会很难。

问：有没有特殊学生比较难接受、难理解的？
答：推理的部分特殊学生没有办法参与，碰到这种他不能参与的时候，有时会给他们作业单。

问：教师在课程调整上，是不是数学要比较花时间？
答：数学的话的确是需要的。

问：要常常在课堂中请特殊学生发言吗？
答：不用刻意，要让每个人发言机会一样，如果是一直请特殊学生发表意见就太刻意了。

问：在课程上要运用哪些方法让特殊学生学到教师要他达到的目标？
答：会针对特殊学生的学习方式进行调整。像班上某个孤独症孩子，他的学习方式比较倾向图像视觉，排斥听觉学习，教师注意到他的特性，所以在上课时会利用白板写文字较多的东西。另一个特殊学生，他在听觉上比较不好，教师讲话时嘴巴就要张得很明显，让他看得清楚教师在说什么，或是白板上多一点视觉的东西，让学生知道现在在做什么，这就是比较特殊的地方。

问：对于五年级而言，会不会有学生开始慢慢觉得数学是所有科目里面偏难的？
答：不一定是五年级程度比较难，有可能和学生之前的经验有关。像某班三年级的学生，他们对数学不会有恐惧和排斥心理，他们不会觉得数学很难，可能是教师在一、二年级给的经验让学生觉得这不是一件很难的事情，所以不会排斥，甚至也有好几个学生觉得上数学课很有趣，他们可以去想、讨论一些事情。可是在五年级，也许是之前的经验，有些人会觉得数学是很恐怖的，会有一种害怕的心理。所以还是和个人之前经验影响有关，不一定是数学到五年级就比较难。

第十一章　社会及自然教学调整

麦科伊（McCoy, 2005）认为社会课教学是很重要的，目的是让学生成为优质的公民，并了解他们居住的世界；他也建议以合作学习的方式进行社会课教学，与其他不同能力的学生一起工作和学习。有些学生可能会对一些重要的社会知识概念感到困难，包括：
- 不了解世界事件与生命的关联。
- 不了解外地的人与地理。
- 不了解有哪些国家。
- 不了解与自己外观、价值观及文化不同的人。
- 不了解环境对生命的影响。
- 不知道世界发生的问题。

第一节　社会课重点

社会课可分为以下几个重点：

一、认识地图

阅读地图需依赖视觉技能，对视觉能力较差的学生需给予调整，例如，学生可自行使用符号与其空间位置进行关联，教师可协助设计触觉清单并帮助学生在地图上移动、探索。如寻找购物中心，解释购物中心为商业活动区域，并将地图上几个邻近购物中心的地点予以标记，比较哪一个离学校较近；举办户外教学，到附近的购物中心让学生采购物品，并列表比较高低价；指导学生从坐标地图中找出交通中心并标记，如火车站或公交车站等，将地址的邮政编码及电话区号标记在地图上。

二、认识法律

向学生解释常用的法律。

三、环境议题

可通过跨年级户外教学活动，让学生计划一次出游，学生需详细描述户外教学信息并说明为何决定此地点与行程，与班上同学分享。选择一个环境问题，如拥挤，让学生讨论如何在很拥挤的环境生活，解决人满为患的问题；假如有一艘救生艇只能容纳有限人数时，哪些人可以坐救生艇逃生，哪些职业的人（如律师、医生、科学家、建筑师、农民、教师、银行家、学生）最需要留下来；设计一个类似诺亚方舟的活动，画出救生艇，假如需要驱逐两人时，讨论淘汰对象及解释为何他们必须被淘汰，将讨论结果通过画图来展示并解说。

四、地理与人文

让学生通过网络信息一同认识地理与人文，分析地理与城市的关系并做出结论。表11-1以初中地理课认识聚落与城市为主题，介绍了地理教学计划。

表11-1 初中地理教学计划

单元名称	聚落与城市化	授课班级	一年8班	人数	21人
教材来源	初中 认识台湾地理篇	授课教师	林老师	时间	90分
教材分析	·认识"聚落" ·认识台湾的乡村聚落 ·认识台湾的城市聚落 ·了解"城市化"与城市问题 ·认识台湾的城市群				
学生学习条件的分析	·普通学生需具备认识台湾地理篇的基本知识：地形、气候、水文、人口、农业、工业、商业 ·特殊学生参与教学，学习和普通学生一起合作				
教学方法	讲述教学及引导思考				
教学资源	海报、模型、音响、CD				

教学活动	教学资源	教学目标	评估
一、准备活动 （一）课前准备 ·教师熟悉、分析教材并搜集相关资料。 ·教师指导学生复习先前学习过的基本概念。 ·教师指导学生预习本课课文。 ·教师准备乡村与城市的海报、小房屋模型。 ·教师准备音响与《孤女的愿望》CD。 ·教师制作"认识新竹次城市群"的学习单。			

续表

教学活动	教学资源	教学目标	评估
（二）激发动机 ・将乡村与城市的海报张贴在黑板上。 ・引导学生观察海报内的景物。 ・请学生决定想居住的地点，并上台张贴小房屋模型。 ・带领学生观察房屋的分布。 ・引出"聚落"的定义。 ・引出集村与散村的聚落景观。 ・引导学生思考人口集中在城市的原因。 ・引导学生思考人们选择乡村居住的原因。 二、发展活动 （一）出示本课需研究的问题，如单元目标所示 ・认识"聚落"：引导学生了解乡村聚落与城市聚落的景观差异。 ・认识台湾的乡村聚落：分辨集村与散村的景观差异，并了解优、缺点及形成原因。 ・认识台湾的城市聚落：了解形成城市的优越条件及产业人口特征。 ・了解"城市化"与城市问题：认识城市化的原因，以及城市化后所产生的问题。 ・认识台湾的城市群：了解郊区及卫星市镇的差异，并认识台湾的三大城市群。 （二）观察、讨论、报告 1. 认识"聚落" ・问：什么是聚落？ ・聚落按照建筑物的高度、居民的人数及职业结构可分为"乡村聚落"与"城市聚落"两种类型。 ・比较乡村聚落与城市聚落的差异。 **乡村聚落与城市聚落的比较** | | 乡村 | 城市 | | --- | --- | --- | | 建筑高度 | 较低 | 较高 | | 人口数量 | 少 | 多 | | 人口密度 | 小 | 大 | | 主要产业 | 第一级 | 第二、三级 | ・请学生依据课本图12-1指出乡村聚落，并说出该聚落的居民主要以何种产业活动维生。 ・请学生依据课本图12-1指出城市聚落，并说出该聚落的居民主要以何种产业活动维生。	课本、乡村与城市的海报、小房屋模型、练习 绘图比较 表格	 ・说出聚落的定义 ・说出聚落的两种类型 ・辨别乡村聚落与城市聚落的差异 ・依据课本图12-1，指出乡村聚落 ・依据课本图12-1，指出城市聚落	

续表

教学活动	教学资源	教学目标	评估
2. 认识台湾的乡村聚落 ·问：乡村聚落依照房屋聚集的程度可分哪两个类型？（集村和散村） ·问：集村是指房屋聚集的程度如何？（较密集） ·问：散村呢？（较分散） ·问：请想一想，如果你住在集村里，会有什么优、缺点？ ·问：请想一想，如果你住在散村里，会有什么优、缺点？ ·让学生归纳台湾集村与散村形成的原因。 地形——台湾北部多丘陵，故多散村。 水源——台湾北部四季有雨，水源充足，故多散村；南部夏雨冬干，需合力凿井，故多集村。 开垦制度——早期来台的汉族主要集中在南台湾，因为是集体开垦，故多集村；北部较晚开发，地广人稀，由大地主分租给佃农开垦，佃农在各自的田地上筑屋居住，形成散村；宜兰最晚开发，人生地不熟，采用集体开垦方式，为集村。 开挖矿产——九份、金瓜石的淘金热曾经吸引大批人潮移入，形成山间小集村。 3. 认识台湾的城市聚落 ·请学生找到课本87页第一行，说出集村发展成为城市的优越条件。 （资源丰富、交通便利、地形平坦……补充政策因素） ·问：什么是城市？ 城市需具备的条件—— 假设人数需达到一百万的标准，计算一下台湾有几个符合百万人口的城市？ 居民职业以第二、三级产业为主。 ☆城市是以行政区域范围进行界定，市中心的人口较多，离市中心越远，人口越少。 ·请学生翻到课本87页，观察活动二所提供的聚落分布图。 问：这五个集村分别位于什么地方？ 问：哪些集村最有可能发展成城市？ 问：请归纳出城市的区域位置条件有哪些？（交通便利、地形平坦） 4. 了解"城市化"与城市问题 ·问：大家已经知道聚落分为乡村和城市两种，那么乡村的人会不会想搬到城市去呢？（会） 我们把人口由乡村向城市集中的过程称为"城市化"。	练习活动一 板书整理 练习活动二 练习活动三	·说出乡村聚落的两种类型 ·描述集村景观的特色 ·描述散村景观的特色 ·列举集村的优、缺点 ·列举散村的优、缺点 ·归纳台湾集村与散村形成的可能原因 ·指出集村发展成城市的优越条件 ·说出"城市"的定义 ·归纳城市的区域位置条件 ·说出"城市化"的定义	

续表

教学活动	教学资源	教学目标	评估
·聆听《孤女的愿望》，并说出曲中所代表的早期台湾人口移动的情形。（乡村→城市） ·问：住在乡村的人为什么要搬到城市去呢？（城市工作机会较多、收入较高） ·请学生完成活动二的曲线图，并说出乡村与城市的人口变化趋势。 （城市人口在1961年以后开始超越乡村人口，跟工业化有关）		·从《孤女的愿望》一曲中，说出人口的移动情形 ·指出乡村人口移往城市的原因 ·根据课本表12-1台湾历年乡村和城市人口比例，能在练习图12-1画出乡村与城市人口的变化曲线 ·找出历年乡村与城市人口的变化趋势 ·依据课本表12-1，说出台湾历年来乡村与城市人口的变化趋势 ·能和同学讨论造成人口移动的原因	
·人口不断地由乡村移往城市，城市的人口越多，则该国的"城市化程度"越高。（举例说明公式：城市化程度＝城市人口÷全国总人口） ·问：居住在城市的人口越来越多，会不会造成什么问题？ （交通拥挤、公共设施不足、垃圾与噪声污染……） ·问：该如何解决城市的问题？ （既然问题是因人口过度集中而起，最好的方法就是分散居住在城市中心的人口） 5. 认识台湾的城市群 城市化之后，城市涌进了许多第二、三级产业人口，城市变得更繁荣，但生活质量变差了，地价也被哄抬。 ·城市人口开始迁离市中心，在市区外围居住，许多工厂也随着市区地价抬高而搬至市区外围或附近市镇（市区外围即是郊区）。 ·城市越繁荣，便会吸引越多的乡村人口移入城市，加入第二、三级产业的行列，但此时市区及郊区的居住空间已渐趋饱和，于是新移入的乡村人口选择了在大城市邻近的市镇居住，再通勤到城市工作，使大城市与周围市镇的关系密切了起来。 ·城市周围的市镇因为人潮与工厂移入而刺激了当地的工商业发展。 ·上下班的高峰时段，大批的通勤人潮使得城市与周围市镇间的交通拥挤不堪，于是便出现公共交通系统，让城市与邻近市镇更密不可分。城市群如何形成？	公式整理 画示意图	·说出"城市化程度"的定义 ·列举城市化后所产生的城市问题 ·提出解决城市问题的方法 ·说出城市化后，城市人口的移动情形 ·列举城市人口移往郊区的原因 ·说出"郊区"的定义 ·说出城市群的形成	

续表

教学活动	教学资源	教学目标	评估
·最后城市与邻近市镇几乎同步发展，连成一体，形成"城市群"，环绕城市的市镇即称"卫星市镇"。 ·台湾三大城市群是台北、台中、高雄，发展到现在，台北城市群包括了台北市、新北市、桃园、中坜、基隆；台中城市群包括台中市、台中县、彰化；高雄城市群包括高雄市、高雄县、台南县市。 以台北城市群为例—— 问：大家应该都去过淡水，那么淡水属于台北市还是新北市？ 问：台北市出钱建的地铁为什么会到淡水？ （因为淡水属于台北城市群的范围，与台北市同步发展，所以会误以为是台北市；而地铁是因有许多通勤人口到台北市工作或消费才兴建）	海报	·说出"卫星市镇"的定义 ·指出淡水是属于新北市	
·那么"郊区"和"卫星市镇"有何不同呢？ **郊区与卫星市镇的比较** | | 居住空间 | 就业机会 | 自足性 | |---|---|---|---| | 郊区 | 多 | 少 | 低 | | 卫星市镇 | 多 | 多 | 高 |	表格	·比较"郊区"与"卫星市镇"的不同	
·请学生在台湾的行政区图中找到新竹市的位置，并涂上记号。 将新竹次城市群的卫星市镇（竹北市、竹东镇、宝山乡、芎林乡）涂上记号。 在提供的"新竹市聚落发展变迁图"中，说出聚落发展的特征，并推测出新竹次城市群形成的原因（人口移入的拉力——科学园区）。	海报、学习单	·说出新竹次城市群的范围 ·在台湾行政区图中，找出新竹市的位置 ·画出新竹次城市群的范围 ·讨论新竹次城市群形成的原因	

五、认识国家

设定不同国家的主题，例如，认识日本的习俗，安排介绍日本习俗的教学活动，介绍日本新年文化，配合语文单元（世界各地华人过新年）、社会单元（尊重与感恩），认识在日本的华人如何生活，了解日本当地的文化，并从中学习如何尊重文化差异，也可要求学生先看日本的照片或影片，并说出所看到的情景（如京都）的特色，或分组用黏土制作立体模型地图，还可探讨下列重点：

＊让学生了解国家结构对社会的影响。

＊要求学生搜集报纸中上一周其他国家发生的事情：

·想象在一个不会说当地语言的国家旅行。

- 小组讨论迷路时如何找到返回饭店的方法，如可以随身带着饭店资料或要学会说饭店的名称。

*打破一成不变的思维：
- 问学生本身对某国的想法，如提到日本的第一印象会想到什么。
- 讨论那些各异的想法，让学生调查何者正确。
- 让学生持续追踪那些想法。

六、历史事件

让学生了解历史事件发生的顺序与发展，可使用计算机动画或故事让学生容易了解，具体的学习目标可以是沟通、社会互动、阅读、做选择、参与活动与适当操作地球仪，亦可借此辨认国家和地区，表达过去的事物所代表的涵义，做法为：

- 个别或小组阅读一个与主要的历史事件有关的资料，如二二八事件。
- 找出影响他们未来及生活的事件，在黑板上列成一个表，讨论对生活有哪些影响。
- 让学生口头报告，鼓励其他人反馈。
- 选择几个历史事件交给学生去重新解释：假如某些方面改变了，这个事件会是什么情况，如哥伦布、核武器。
- 将学生分组，让他们选一个古代或近代历史事件做角色扮演，制作简单的服装和舞台道具。

七、文化的探究

1. 确立文化的本体：包括服装、政府、宗教、教育、艺术、经济、历史、科技、社会。

    *将班上学生分组，分成主流文化组与次文化组。
    *分享并比较主流文化与次文化的异同，让学生做摘要、圈出特殊观点。
    *让教师整理摘要及范例、展示图表并让学生复习文化的特征。
    *搜集不同文化中各式服装图片，讨论穿同件衣服到不同国家会发生什么事。

2. 文化交流：

    *分两组——埃及与非洲文化，每组代表一个文化。
    *邀请他人加入。
    *讨论各组不同的文化。

    埃及的生活：
    - 提供埃及和附近的地图，找出尼罗河。

- 找出埃及的大城市，探讨人们如何在埃及居住。
- 金字塔：用黏土制作金字塔，写出埃及的金字塔里应该有什么、自己的金字塔里又会放什么。
- 比较埃及跟其他地区的葬礼习俗。
- 法老的权力：说明古埃及法老的权力最大，让一个学生扮演法老，其他人提出问题请他判决，事先要求法老做不受欢迎的决定，比较法老与现代解决问题的方式，何者较民主及科学。

非洲的生活：
- 饥饿和餐宴：非洲食物不足。
- 在午餐时刻，带学生去餐厅"看"别人吃，讨论感觉如何。

3. 教案：以节庆文化为主题

* 重点：
- 了解各国不同的节庆文化。
- 熟悉台湾节庆文化。
- 通过实际制作果冻的过程，学习分工合作。
- 通过窗花的制作，让学生了解圆与角的关系。

* 包含领域及重点：
- 语言——阅读各国节庆的相关资料，重点整理、口头报告。
- 逻辑数学——找出圆跟角的搭配性，做出漂亮的窗花。
- 空间——留意并适当分配海报制作时的图文版面位置。
- 肢体动觉——实际体验搅拌可以增加溶解速度的特性。
- 人际关系——合作学习（小组成员共同制作海报）。
- 反思——小组之间观摩与学习、了解分工合作的重要性。

* 多层次学习目标：

重点	层次一目标（最高）	层次二目标	层次三目标
了解各国不同的节庆文化。	能说出各国不同的节庆文化。	了解各国因为背景不同而产生不同的节庆文化。	能看图说出各国不同的节庆文化。
熟悉台湾的节庆文化。	能说出台湾的节庆文化。	了解台湾节庆文化的故事。	能看图说出台湾的节庆文化。
通过实际制作果冻的过程，学习分工合作。	能知道整个制作流程并按照每个人的不同能力分配不同的工作。	能听从指示独自完成各项交付的工作。	能听从指示跟其他人一同完成各项交付的工作。
通过窗花的制作，让学生了解圆与角的关系。	能在一定的空间内平均分配圆与角的图形到每个位置。	能在一定的空间内设计圆与角的图形。	能依照教师的图形，利用工具完成窗花制作。

*学习活动：

重点/活动	多层次策略	语文	逻辑数学	空间	肢体动觉	音乐	人际	反思
阅读资料。	能力较好的学生自主阅读并协助其他学生找出重点及整理。	阅读并理解资料，找出重要的标题。	依照顺序排列次标题。		用笔在资料上画重点。		团体合作，共同整合并分享资料。	
了解各国不同的节庆文化。	能力较好的学生可说明各国不同节庆文化的风俗民情。	能口头报告海报内容。	有逻辑地排列所搜集到的资料。	能在海报上配置文字及图片的关系。			小组合作，查阅资料、协调分工内容并制作海报。	互相观摩学习。
熟悉台湾节庆文化的故事。	能力较好的学生可按照每个人能力的不同编排适合的角色。	能流畅地说出自己的台词。		能在演戏的过程中抓准各个走位的位置。	能在演戏的过程中表演自己的角色。		小组讨论分工内容。	互相观摩学习。
通过实际制作果冻的过程，学习分工合作。	能力较好的同学可按照每个人能力的不同来分配适合的工作。	能说出如何增加溶解的速度。	可以读出磅秤上的数字，并练习加法的应用。		能均匀搅拌倒入锅内的东西至完全溶解。		小组合作进行各项工作。	
通过窗花的制作，让学生了解圆与角的关系。			可以利用圆和角的搭配剪裁出不同的图形。	能在固定大小的纸张上分配圆与角的位置。	能安全地使用工具来进行纸张的裁剪。			互相观摩学习。

第二节　社会课教学调整策略

社会课强调人、事、物之间的关系，教学时除了教导社会课内容外，也希望鼓励学生搜集资料、分析资料及通过分组产生社会互动。以新旧石器文化为例，阐述如何进行课程调整：

*让学生了解重点。先介绍这一课涵盖的重点，再找出课文中较具有功能性的部分，例如，历史课"中国古文明的曙光"可加强新旧石器的区别，并强调下列重点：

・介绍过去与现在的不同。

・介绍陶器及石器（新石器与旧石器）。

・介绍半坡文化：收割小麦。

・介绍衣食住行的改变。

＊为每课的重点安排学习活动。通过活动让学生从复杂的内容中理出头绪。以"中国古文明的曙光"为主题的活动安排如下：

・找出重点：重要的人与事。

・介绍先后时间：找出图表、搜集图片（中国历史朝代演进图）。

・介绍相关影片《跨越时空的文明》中的三皇五帝及相关文章。

・介绍人：比较过去及现在的人的不同（北京人、山顶洞人）。

・介绍物：比较过去及现在的器皿及制作方式的不同。

・做一个表，让学生回答问题。

"中国古文明的曙光"的合作学习教案如表 11-2 所示。

表 11-2 社会课合作学习教案

主题	历史：中国古文明的曙光	教学时间	90 分钟
单元	单元九"远古与夏商文明"	教学日期	4 月 8 日
教学者	李老师	教材来源	南一版初中社会（第二册）

教学步骤	学习活动	教学目标	时间	教学资源
全班授课	・教师出示北京人与山顶洞人复原相片，要同学看看彼此，比较看看远古人类和现代人类有什么不一样的地方，说明远古人类的外表特征。 ・教师说明远古时代因为石器制作方式而分为新、旧石器时代。 ・观赏影片《中国考古发现》中远古时代的片段，通过影片介绍旧石器时代北京人和山顶洞人的文化成就。 ・教师介绍新石器时代的文化，并出示相关图片。 ・进行活动：小小考古学家。	・能说出远古人类和现在人类有哪些不同（普、特）。 ・能说出新旧石器时代是以石器制作方法的不同而划分（普）。 ・能专心观赏影片（特）。 ・能由照片指出旧石器时代的北京人和山顶洞人（特）。 ・能认识旧石器时代人类的生活环境与文化特色（普）。 ・能认识新石器时代人类的生活环境与文化特色（普）。 ・能在小组成员协助下贴上正确的图片（特）。 ・能找出新旧石器时代新产生的文化（普）。	45 分	课本、影片《中国考古发现》、课本图片 PPT、小小考古学家海报与字卡、练习

续表

教学步骤	学习活动	教学目标	时间	教学资源
全班授课	·欣赏《跨越时空的文明》中三皇五帝的影片。 ·教师说明三皇神话传说，强调神话传说反映古代人类生活的演进，显示神话对历史研究的重要性。	·能了解燧人氏、有巢氏、伏羲氏、神农氏的神话传说（普、特）。 ·能配对三皇与传说的事迹。		
分组学习	·各小组进行角色分配。 ·教师发讨论提纲、说明学习任务： 小组讨论活动："小小考古学家"的答案。 比比看：新石器与旧石器时代在衣食住行方面有什么不同？把你们讨论出来的写下来。 史前时代的人类没有文字，想一想，他们彼此之间要如何沟通？与同组成员练习看看。 ·小组讨论时，教师提醒小组成员礼貌倾听、发言，以及教导特殊学生以达到小组共同目标。	·能与小组进行讨论（特）。 ·能教导与协助同组的特殊学生参与讨论（普）。 ·能比较出新旧石器时代人类的生活有何不同（普）。 ·能思考史前时代人类沟通的方式（普）。 ·能与同组成员模拟史前时代的人类沟通（普、特）。	20分	讨论提纲、练习
小组发言	·教师带领讨论，请各组推选代表发言，各组代表针对小组讨论出来的结果做简要报告。 ·每次发言的报告员应轮流担任，特殊学生可由同组同学协助做报告。 ·教师出一个题目（句子），两个小组分别派人传达题目的意思，但是两方皆不可以用语言表达，看看哪边猜得对。	·能上台报告小组讨论的结果（普、特）。 ·能够配合同组成员比手画脚，表达意见（特）。	5分	
团体历程	·小组共同填写小组团体历程表。 ·观察员填写观察表。		5分	小组团体历程表、合作学习观察表
实施评估	·学生进行个别评估。 ·特殊学生可由教师口述题目进行评估。 ·评估单甲为特殊学生使用，评估单乙为普通学生使用。	·能独立完成评估单。	10分	评估单
教师总结	1. 教师进行学习总结。 2. 学生互相批改评估单。 3. 小组表扬。		5分	

第三节　社会课单元课程调整计划

以移民为主题，阐述如何在融合班设计社会课课程调整计划，并与其他科目联结，计划内容包含教学重点、教学方法、课程目标及调整，其他社会课单元都可依照此模式进行课程调整计划。社会课单元课程调整计划表如表11-3所示。

表 11-3　社会课单元调整计划表

主题：移民

科目	重点	教学方法	课程目标	调整
社会	为什么要移民	・搜集相关资料。 ・分享自己祖先来自哪里。 ・贴出和移民相关的文字。 ・让学生阅读相关资料。 ・延伸学生兴趣（将相关图书放在角落）。	了解移民去美国的原因。	・准备各种难度不同的书籍。 ・两人一组一起阅读。 ・让特殊学生指认图片。 ・将目标改为语言目标。 ・让特殊学生重复同学说的话。
语文	移民的历史			・指出家人名字。 ・在听完课文或故事后画图或写出和课文内容相关的句子。
数学（自然）	比较及测量	・分组合作。 ・准备计算器。 ・使用地图。	比较移民时期及今日旅行的距离。	・在地图上指出旅行的路线。 ・说出及计算一天旅行的时间。 ・阅读地图上的地名。 ・拼美国地图。 ・认识数字。 ・记录数字。 ・说出"尺"。

社会课每个单元针对特殊学生做课程及作业调整以增进特殊学生参与，如表11-4所示。

表 11-4　社会课课程及作业调整记录表

年级	课程目标	增进学生参与的上课安排	作业安排	哪些需要再调整
三	单元：学校学习 ・能知道在学校学习的方式。 ・能表达自己的想法。 ・能欣赏别人的优点。 ・能说出自己要再努力学习的项目。	・回答问题。 ・小组讨论。 ・游戏。	练习。	作业可再多一些变化。

续表

年级	课程目标	增进学生参与的上课安排	作业安排	哪些需要再调整
四	单元：居住的城市 ·认识这学期的法定假日。 ·能制作回家路线图。 ·能说出所住的城市。 ·能看地图指出住的地方是北、中、南哪个部分。	·一个普通学生带一或两个特殊学生。 ·先阅读课文，普通学生以口语方式解释给特殊学生听。 ·问问题（以小组竞赛的方式）。 ·普通学生可提示答案给特殊学生（充分协助或合作的小组可加分）。 ·若特殊学生无法回答，可以以指图的方式回答（先告知普通学生可以教他什么内容）。	·较抽象的题目不用做。 ·可请家长协助。 ·给予不同的作业单—— 甲：普通学生。 乙：较甲简单。 丙：较具体、与其本身相关的问题。	
五	单元：投资 ·认识投资活动及投资的好处。 ·了解生产活动。	·角色扮演。 ·听音频。	·练习。 ·作业单。	·简化练习难度。 ·必须多次强调上课重点。
六	单元：五大洲 ·了解大洋洲、非洲的主要地形。 ·了解世界主要气候类型。 ·认识欧亚大陆的位置、地形。	·地图、地球仪。 ·视频。 ·看地图并指认地点。	·练习。 ·指出地图上非洲、大洋洲的位置。 ·练习。	·以剪贴方式完成。 ·作业（从课本中找答案）。

第四节 在普通班执行社会课个别化教育计划

唐宁和艾兴格（Downing & Eichinger, 2003）认为可在普通班课程中执行个别化教育计划目标，即使班上有中重度障碍的特殊学生。依据唐宁和艾兴格的融合计划表，表11-5提供了一个五年级中重度障碍学生融入普通班的例子，其在个别化教育计划中的教育目标包含了各种课程领域，有功能性阅读、社会技能、沟通、数学及精细动作。教师则根据这些领域制订个别化教育计划，安排适合其学习的课程内容。通过仔细安排，在社会课课程中都可以执行这些个别化教育计划目标。

表 11-5 社会课融合计划（主题：台湾地图）

	第一天	第二天	第三天	第四天	第五天
课程调整前活动内容	·分配到三类地图中的其中一类：新竹市地图。台北市地图。桃县地图。 ·开始查询信息（书本、报纸杂志、图书馆书籍、光盘或网络等）。	·继续寻找资料。 ·在海报上画出地图，包含比例、说明、重要地点及地标。 ·在适当的地点填上地名、街名并着色。 ·一小时的地图制作。	·继续制作地图。 ·在海报上画出地图，包含比例、说明、重要地点及地标。 ·在适当的地点填上地名、街名并着色。 ·一小时的地图制作。	·完成地图制作。 ·准备口头报告。 ·分配报告人选。 ·半小时地图制作。	·三个小组对全班同学做报告。 ·每组有20分钟的报告及作品呈现时间。
课程调整拟订个别化教育计划目标	·阅读：找出报纸上关于新竹市发生的事。 ·社会技能：在寻找的过程中与同学互动；保持30分钟的图书馆阅读。 ·沟通：与同组成员开始讨论主题涵盖的内容。	·精细动作：将三张图片贴至地图上。 ·数学：数出图片数量。 ·沟通：与同学一同数出正确的数量。	·精细动作：将三张图片贴至地图上。 ·数学：数一数新竹有几个字。 ·沟通：说要或不要。	·阅读：当普通学生完成并准备报告时，特殊学生从报纸中找出地方版。 ·休闲：找出这周末最想做的休闲活动。 ·数学：练习在第五天时，通知准备报告的同学有多少报告时间。	·沟通：说出报告的名称。 ·数学：当报告时间即将结束时，拿出"时间到了"的纸条通知报告者。

从表 11-5 可以看出，调整的范围包含每日活动及材料安排。特殊学生几乎可以在普通班教室中达成个别化教育计划中所有的目标。

第五节　自然课教学调整

一、特殊学生学习自然课常见的问题

自然课常用实际操作的方式来让学生学习一些原理或原则，所以特殊学生非常喜爱自然课，然而特殊学生在自然课上可能遭遇下列问题：

·无法获得信息。
·有处理信息的问题。
·缺乏整合技能。
·无法为概念提供例子。
·需要额外的时间及机会才能理解。

- 缺乏相关背景。
- 缺乏独立思考训练。
- 无法深入探讨概念。
- 无法仔细观察，归类和分析、预测和综合、推断和评价有困难。
- 野外活动经验不足，陆地、岩石和水资源的知识不足。
- 不会读温度计，天文学和气候知识不足。

二、特殊学生如何学习自然

自然课学习内容多元，特殊学生非常喜欢此科目，教师可带领其进行许多不同领域的研究，探讨岩石、水、森林、气候、行星，让特殊学生也可以学习观察、分析、归纳、体验和推断。特殊学生可能需要一些协助及课程调整，使其能完全参与和积极学习。由于自然科学有许多较抽象的概念，所以不会要求特殊学生达到和普通学生一样的学业标准，但仍希望特殊学生能学到与生活相关的技能，大致了解或贴近自然科学的本意即可。自然课的调整多根据自然科学活动及学生的学习需求等来安排，例如：

- 多人一组做实验。
- 画重点。
- 安排参观。
- 看完显微镜后，画出及命名看到的物品。
- 将课文改编成简单的文章，再让学生看图回答问题。

三、融合班自然课教学调整计划

以初中自然课单元主题——"生物的构造：物质进出细胞的方式"为例，阐述如何做课程调整，调整计划如下：

◎ 重点
- 认识细胞，关键词：细胞（图卡、蜂窝图片）。
- 扩散作用，关键词：扩散（水分子的扩散作用）。
- 渗透作用，关键词：渗透（水分子的渗透作用）。

◎ 活动安排
- 流动人口（通过进出教室的活动，改变门缝的大小，让学生了解大小不同的物质进出细胞的难易度）。

- 卫生纸湿掉了。
- 纸树开花。
- 观察并画出水的吸收现象。

◎ **教学策略**
- 利用画图做概念说明。
- 通过图卡的操作增加学生的印象。
- 通过故事的搭配，并让学生自行动手绘画加深了解。
- 利用活动让学生更容易了解。
- 进行卫生纸的实验（让学生自行装水、清洗杯子、动手实验、完成活动）。
- 进行纸树开花的实验（利用纸来种彩色树），培养学生互助、精细动作、观察和说明的能力。

◎ **教学目标**
- 能通过"流动人口"的活动了解细胞的进出。
- 能通过"卫生纸湿掉了"的活动了解扩散作用。
- 能通过"纸树开花"的活动了解渗透作用。
- 能了解实验该注意的事项。
- 观察实验过程。

◎ **教学调整**
- 教导特殊学生有关细胞的基本概念。
- 使用生活化的现象说明课文中的生物专有名词。
- 通过图卡将生物现象具体化、浅显化。
- 了解活动内容。
- 利用小组活动达到同伴间的合作学习。

四、自然课教学安排

为了让教学能符合普通学生及特殊学生的需求，我们调查了融合班教师做了哪些教学安排，结果如表 11-6 所示。

表 11-6 融合班自然课教学安排

特殊安排	项目			二年级	三年级	四年级	五年级	六年级	备注
种植记录	配合单元—周次数				√	√ 1~2	√		
	未配合单元								
	奖励方式	物质奖励							
		社会性奖励					√		
		其他（寒暑假作业）		√					
制作植物图鉴	配合单元—周次数					√不一定	√		
	未配合单元								
	奖励方式	物质奖励							
		社会性奖励				√	√		
		其他							
家庭作业	多久指定一次					不一定	2~3 天		
	普通学生作业内容	以课本练习为主		√	√	√	√	√	
		单张作业单					√		
		其他（搜集资料、观察记录、课本内容预习、报告）				√		√	
	特殊学生作业内容	和普通学生一样，但请家长协助完成		√	√	√	√		
		和普通学生一样，但做多少算多少，量力而行		√		√			
		和普通学生一样，但降低分量						√	
		另出		√	√	√	√	√	
		其他							
	评分方式	等级				√	√	√	
		分数					√	√	
		其他（盖章）				√			

续表

特殊安排	项目		二年级	三年级	四年级	五年级	六年级	备注
家庭作业	奖励方式	物质奖励						
		社会性奖励			√	√	√	
		其他						
评估	普通学生评估内容	以书面测验为主	√		√	√	√	
		实践操作评估	√		√	√	√	
		过关游戏为主				√		
		档案评估						
		其他（书面50%、过关和实践50%）						
	特殊学生评估内容	和普通学生主题一样，但降低难度			√	√	√	
		和普通学生主题一样，但以实践操作评估为主	√		√	√		
		另出			√	√	√	
		其他						
	评分方式	等级				√		
		分数	√		√	√	√	
		其他	√					
	奖励方式	物质奖励						
		社会性奖励				√	√	
		其他（作业以是否完成及正确率为重点）						
学习单	每一课特殊学生几张？		1（单元）	不一定	3~4	2~5	1~2	
	每一课普通学生几张？		1（单元）		2~3	2~5	1~2	
	使用方式	激发动机				√		
		发展活动			√	√	√	√
		综合活动			√	√	√	√
		其他	√					

续表

特殊安排	项目		二年级	三年级	四年级	五年级	六年级	备注
学习单	有考虑特殊学生需求				√	√		
	奖励方式	物质奖励						
		社会性奖励	√		√	√	√	
		其他						
阅读	书的来源							
	数量							
	撰写心得						√	
	阅读单							
	阅读时间	校内			√			
		回家					√	
	评分方式	等级						
		分数						
		其他（盖章）			√		√	
	奖励方式	物质奖励						
		社会性奖励			√	√		
		其他（配合附小奖励卡制度）				√	√	
实验或经验学习，如参观	配合单元一周次数		√	√不一定	√1~3（一学期）	√1（单元）		
	未配合单元							
其他								

五、教学调整

小罗老师是一名数学和自然教师。班上有 14 名男生，10 名女生，年龄在 11~14 岁之间。24 名学生中，3 名为资优生，5 名需接受特殊教育服务，其中 1 名为重度智力障碍，1名为中度智力障碍，2名为学习障碍，1名为情绪障碍。小罗老师希望自己能为每个学生制定出合适的个别化教育计划目标，尽量将重度障碍学生融入科学活动中。

在主题为"细胞"的科学课中，小罗老师希望所有学生能在课程中学到三种细胞学理论，能分辨两种细胞。大部分学生需能描述两种细胞的组织和功能，能比较动物和植物的细胞；某些学生需更进一步区分单一细胞和细胞群。

自然课做实验时，小罗老师会将学生两两分为一组，其中一人对实验器材或程序较为熟悉，另一人则较为陌生。课程中也会使用学习单，学生需一同完成。例如，教导学生操作显微镜，学习单上有操作步骤，对于智力障碍及阅读障碍的学生，其学习单会附上图片。有名特殊学生会使用计算机，教师便将显微镜操作方式拍摄下来，请该学生在计算机上阅读。

小罗老师会给予学生不同的指导语，允许学生使用个人学习计划，并给某些学生调整课程。如一名智力障碍的学生，他的课程内容会较有功能性。教师会在课程中进行个别化教育计划，如轮流、认识同组同学姓名、寻求协助。这名智力障碍学生并不需像其他同学一样达到"辨认细胞部位"的目标，而改为"能安全使用显微镜""能以颜色区分动物及植物的细胞"。而学习障碍学生，其学习内容则从普通学生的课程内容调整而来，将课程内容以简单的语句改写，并用计算机呈现，而其计算机档案的内容则与学习单及笔试内容相关。

小罗老师在课程活动中，常将学生分成小组学习。有些活动两人一组，有些活动则将六个小组并为一个大组（共12人），都是异质性分组。以自然课为例，每堂课会留一段时间，让学生在大组中一起学习、讨论，并呈现讨论的结果。教师为这段时间设定不同的学习层次，并将学习活动结构化，每个流程都有明确的学习目标，以确保每名同学都有事情做，也能融入学习。例如，在"细胞"这个主题里，教师就依序设定了几个活动程序：分辨不同种类的细胞、看影片、上网查询相关资料等。

班上同学的作业都收纳在一个档案夹里，作业都被要求要在计算机上完成，特殊学生则视需要请同伴协助。和细胞相关的目标会列在特殊学生的个别化教育计划中并进行评估，以便期末个别化教育计划会议时检查。

一般普通班级使用的课程通常都需要改编以符合特殊学生的需要，最普遍的学科调整方式为简化课程内容及改变作业的要求（如给予较长的上交期限），表11-7汇集了三年级每个特殊学生自然课课程目标、增进课程参与及作业安排的情形，从而了解自然课的调整方式。

表 11-7 三年级自然课特殊学生课程参与及作业安排记录表

姓名	课程目标	增进学生参与的上课安排	作业安排	哪些需要再调整
A 生	·能辨别天气。 ·能参与测量气温活动。 ·能了解温度计的使用方法。 ·能读出温度计的刻度。 ·能参与做简易风力风向计。	·学习看天上的云量，辨别云量的多或少，能说出当时的天气名称。 ·和同伴分享自己对气温的经验，估计现在气温约为几度。 ·让学生亲自体验教室内的凉爽和操场上的酷热，比较温度高低；能看、说出 30℃是操场的温度，27℃是教室内的温度，并说出造成差异的可能原因。 ·学习、独立完成简易风力风向计。	练习、作业本、学习单、活动单皆与普通学生相同。	无
B 生 C 生 D 生	同上	·同上栏前三点。 ·帮助同学粘贴、固定风力杆、涂胶水。	·练习同普通学生。 ·作业单以亲子互动分享为主，用勾选方式完成。 ·学习单以图画、同伴互动呈现为主。	·B 生注意力不佳，幸好有同伴协助，课程得以进行（进度有受影响）。 ·C 生常有情绪困扰。 ·自然学习活动多，应延缓 D 生完成目标的时间，避免产生压力。
E 生	同上	同上	同上	·学生常需同伴嘱咐，造成该组进度稍慢。 ·温度计刻度小，令该生不耐烦，教具不完备，需要改进。 ·胶水使用量控制不佳，有同伴协助才会收拾好。 ·其他科目基础能力了解不够，跨领域学习适得其反，待改进。
F 生	同上	同上	同上	·该生参与积极，同伴互动尚可，然而注意力不好时有进度落后的情形出现，造成该生懊恼，待改进，降低该生的目标。

第六节　社会课教师访谈

问：高年级的社会课调整会不会很难？

答：社会课没写个别化教育计划，但可让特殊学生学习比较生活化的课程。到了五、六年级就变成历史、地理课，根本没有适合特殊学生的内容，如果要降低标准，就会上不完，因为课本里面的内容真的好多好多。像上学期就有三分之一没有上完，如果还要将生活化的东西拉出来上就会很难。所以教师开会时就提出社会课到了高年级是不是也可以分出大小组，让特殊孩子可以学习更多人际之间的社会技能，甚至是生活上的自我能力训练，如自己买菜、煮菜、整理自己的环境等，这些能力或许对他们来说更重要，但这里没有任何课程是安排这些内容的，所以教师会想是不是可以安排一些时间，让社会课可以跟这个领域相关，高年级的社会课对特殊学生来说真的太难了。但吴淑美教授觉得语文、数学都已经分大小组，若社会也要分大小组，自然是不是也要分大小组，因为自然跟社会是搭配的，这样就没有融合的感觉了。但是教师们就希望能分，因为太困难了，五年级已经这样，到六年级更是。特殊孩子要知道朝代的顺序、要知道皇帝在干嘛可能没什么意思，而且你又教不会他们。

问：特殊学生考试的时候会写吗？

答：所以他们就不考了。四年级的老师说他们社会课和语文结合考，就只考语文，语文里面有一些社会概念，可是里面的东西不觉得有什么是他真的要去学的。

问：是不是有些教师会说让他安静地坐在旁边也好？

答：这样太浪费时间了，我们一直很担心特殊学生会不会自己洗衣服，会不会整理自己的生活环境，会不会有一些生活能力，这些很重要，我们这边有很多特殊学生，但是没有人注意到这方面的需求，像是生活自理能力，有一些特殊学生还会把大便弄在身上，东西随便塞，但是我们没有针对他们的特殊需求做课程上的安排，有些特殊学生的程度真的差太多了。因为时间很赶，而且课本里学的又是大纲，像是唐朝一节课40分钟就讲完了，很短，等于概念和重点说完就已经差不多了，可是特殊学生看不懂，教师就要插进故事，但是对普通学生来说就浅显化了，所以教师一直觉得要抓出特殊学生的目标很困难，上学期就提出来这个问题，真的不知道应该怎么办。

问：社会课如何考试？

答：现在比较常用的是从网络上下载考题，不然就是借相关的书还有浏览国外的网站。因为不想在期末考，所以就想了一个替代方式，现在多元评估都不太重视书面测验，教师就会利用他们的学习笔记。有些特殊学生的目标是只要可以抄课本练习就可以了，有的是写好让他按顺序贴上去就可以了，还有的是让他从课本里面查再抄上去，其他学生会自己写。做笔记的部分，其他学生要做笔记，特殊学生还是贴，可是教师不会要求他写，因为这是思考性的问题。我们平常上课听到的东西，回去可以做一个整理笔记，或是听到比较特别的内容把感想写在上面。有时候教师会贴一些自己整理的资料给学生当成作业，这是笔记的一部分。原本还希望他们做一个小的报告，但后来没时间，因为他们平常要做一个很大的主题报告，那也算社会课成绩。原本想每一章节、每一单元都做一个小小的主题报告，可是后来觉得他们在理解上已经挺辛苦了，他们要学普通小学学的东西，理解力不是很好，还要去搜集那些资料就不是那么容易，所以就把这个部分取消了。这原本是学期初的计划，当时有和家长开会说明这学期的课程计划、评估方式会有什么变化。

第七节　自然课教师访谈

问：请问设计自然课作业要多少时间？

答：设计是需要时间的，教师会改变方式，也就是会出一些开放式的作业让学生来做，这样就可以减少出作业单的时间。

问：什么是开放式的？

答：例如，让学生写日记，写一些自然的观察日记，这些东西是在课堂上就可以观察到、学到的东西，然后他去记录下来，如有一个班的自然日记是一个星期写一次，学生会慢慢地试着去整理，整理过后如果有问题就会呈现在上面。有时候教师根据学生所做的东西去发现哪些东西是可以再去探讨的，然后教师再出这样的作业单，有些作业单是要在下次上课要讨论的。减少时间出那种机械式的作业单，这样比较有时间去设计特殊学生的作业单。

问：会和其他老师讨论课程设计的相关问题吗？

答：会。例如，其他老师在讲昆虫的时候，昆虫有几只脚、几对翅膀……我会尽量在课程上提到这个东西。讲到昆虫的习性，尤其是讲到蜜蜂的房子是什么形状，学生会说出不规则形、三角形甚至其他形状，我就把图片拿出来，告诉学生蜂窝的形状是这个样子，学生看看后做出那个形状。我让学生说说看，它有几个角、几个边，它是什么形……他本身还没有学到，他们造型里没有这个形状，一年级他们只是局限在四种基本形状，如果其他科有说到，我就会试着带进来。

第十二章 学习单调整

教学活动依功能及性质可以分为好几种,有些活动以增进对学习内容的理解为主,有些则以应用习得的知识为主,因此学习单的内容安排需根据学生的程度及教学的目的进行设置。

第一节 学习单的类型

一般而言,学习单或活动单的类型可分为下列几种:

· 操作性活动:活动学习单的目的是提供实际操作的经验,如感官的经验来加深学生的印象,让学生用不同的方式将习得的知识运用、分类及联结。例如,将教过的形状的积木堆起来数一数各种积木有几个。

· 概念活动:用具体物体或图表将抽象概念用具体或半具体的方式呈现。例如,将教过的词语按名词、动词、形容词分类。

· 表格:将每课重要的概念、页码、图片及描述通过表格列出。

· 将资料用图表整理出来以协助学生组织习得的知识,发展高层次的思考,应用在解决、了解关系、顺序及因果关系等。例如,将数学加法类型(进位与否)整理出来让学生知道如何做加法运算。

· 游戏:将课本内容用游戏呈现来引起学生的学习兴趣,以达到练习及检验的效果。例如,将社会课教到的地名做成大富翁游戏以达到寓教于乐的目的。

· 应用活动:用结构化的方式将习得的知识应用到日常的情境中。例如,将五种感官的知识用在上学途中,会看到、听到、闻到、摸到及尝到什么。

· 结构化的教学指引:将学习内容整理并列出关键词,再出题目让学生可以从指引中找到答案。

· 摘要表:将课文重点列表。

第二节 编制学习单常用的策略

融合班学生程度不一,因此编制教材或学习单时需针对学生的需求,将学习单分成普通学生、学习障碍学生及智力障碍学生几种甚至更多种。虽然不止一种学习单，但内容多以一种为参考依据，往下调整到较低的层次以节省教师人力，因此编制学习单需要学习一些策略，才能达到事半功倍的效果并符合不同程度学生的需求。以下将介绍一些融合班常用的编制学习单的策略供参考。

◎ 运用现成的图表回答问题

1. 看电视节目表回答问题

电视节目表	
时刻	节目
06:30	早安新闻
08:30	运动天地
09:30	休闲天地
11:00	午间新闻
12:30	连续剧
14:00	综艺世界
18:00	儿童园地
19:00	晚安新闻

- 12:30 代表的是（　）点（　）分。
- 早安新闻播出时间是（　）午（填上或下）（　）点（　）分。
- 休闲天地播出的时间有多长？（　　　　）。
- 08:30 播出的节目是（　　）。
- 一天播（　）次新闻。

2. 看食物热量回答问题

图中为六种食物每 100 克中所含热量的直方图，请问：

（1）热量最高的食物是哪一种？＿＿＿＿＿＿＿＿

（2）热量最低的食物是哪一种？＿＿＿＿＿＿＿＿

（3）白米所含的热量有多少卡？＿＿＿＿＿＿＿＿

（4）面包所含的热量比较高，还是花生的热量比较高？＿＿＿＿＿＿＿＿，高多少卡？＿＿＿＿＿＿＿＿（可以用计算器算算看）

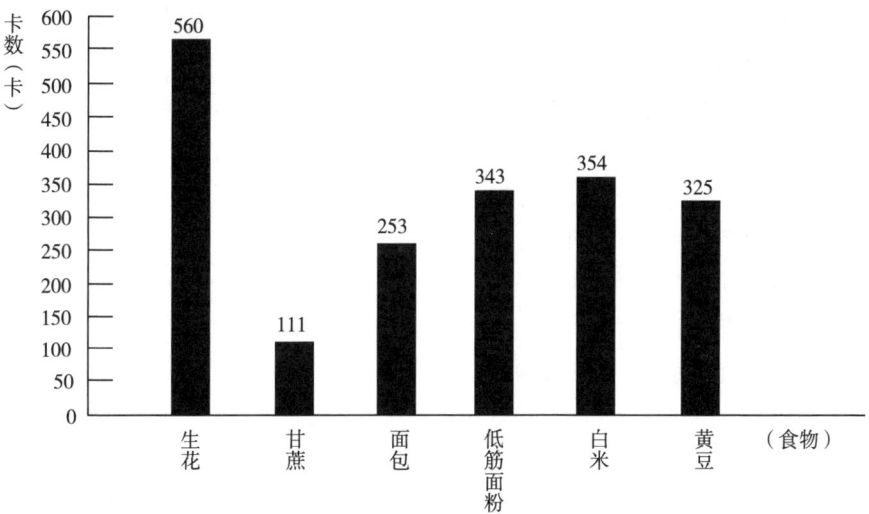

◎利用练习中现成的题型进行改编

如将填空题改为连连看或选择题，写出改为圈出。

【例】请圈出这些主角是在哪一本故事中出现的？

阿拉丁：天方夜谭、西游记

孙悟空：西游记、安徒生童话

彼得·潘：小飞侠、小木偶

格列佛：小人国、巨人国

白雪公主：格林童话、天方夜谭

吉姆：金银岛、天方夜谭

阿里巴巴：天方夜谭、金银岛

◎给学生线索以解决问题

1. 加上一小段文章作提示

【例1】下面是有关台湾民俗及文化的叙述，看完后请回答问题：

• 春节过年时家家户户门上贴了春联

• 元宵节时提灯笼

• 清明节扫墓祭拜祖先

• 端午节包粽子、做香包、划龙船

• 中秋节吃月饼赏月

（1）祭祖（2）制作香包（3）放天灯祈福（4）扫墓（5）包粽子（6）拜年

（7）提灯笼（8）赏月（9）画年画（10）扎花灯（11）吃月饼（12）赛龙舟（13）写春联、贴春联

请将和节日相关的活动号码写在括号里：

和"春节"相关的活动为（　　　）

和"元宵节"相关的活动为（　　　）

和"清明节"相关的活动为（　　　）

和"端午节"相关的活动为（　　　）

和"中秋节"相关的活动为（　　　）

【例2】读完故事后，回答问题：

人体的血液里住着三个感情很好的兄弟，大哥是白细胞，二哥是红细胞，小弟是血小板。大哥白细胞的工作是军人，他帮助身体打倒敌人——细菌；二哥红细胞的工作是送货员，他送的货物是氧气；小弟血小板的工作是水泥工，他负责修补人体的伤口。

（1）请问细胞三兄弟住在哪里？＿＿＿＿＿＿

（2）请问细胞三兄弟谁最大？＿＿＿＿＿＿

（3）请问细胞三兄弟谁最小？＿＿＿＿＿＿

2．列出答案让学生选择或贴上

【例】缺了什么词？念一念，连一连。

小猫（　　）从树上掉下来。	突然
这场大雨下得太（　　），害我淋得像一只落汤鸡。	竟然
弟弟年纪这么小，（　　）画得这么好，真是了不起。	忽然

3．看句子找出指定的词语

【例】读一读并把"太阳"圈起来。

太阳 ┬ 太阳起得早
　　　├ 太阳升得高
　　　└ 太阳照得暖

4. 协助完成部分答案

小朋友,请依照课堂中我们教过写"启事"的方法,完成这篇启事:
小花的帽子丢掉了,请你替他写一则遗失启事。

帽子的样式	标题:寻找(　　　　)
	正文:我是二年五班的(　　　),我的(　　　)在学校的(滑梯)那不见
	了,那是一顶(　　　)色、边上有装饰的漂亮帽子。如果有人看到,请帮我
	送到(　　　)年(　　　)班。谢谢。
	联系方式:
	签名:
	日期:

◎ **社会课着重基本概念的理解**

各城市地理位置,可带入数字,如地理学习单可以通过比较人口的多少来了解城市大小。

【例】你知道全世界人口最多的五大城市是哪几个吗?(写出数字或汉字)

城市	人口数	读作
A. 日本的东京	(　　　　)人	二千六百八十四万九千人
B. 印度的孟买	16,090,004 人	(　　　　　　)人
C. 美国的纽约	17,178,080 人	(　　　　　　)人
D. 巴西的圣保罗	(　　　　)人	一千七百一十万零六十人
E. 墨西哥的墨西哥市	18,070,300 人	(　　　　　　)人

请依照人口数由大到小,排出世界五大城市(以代号表示):
1.(　　　)2.(　　　)3.(　　　)4.(　　　)5.(　　　)

◎ **数学课以数字及操作为主,学习单可以着重数字配对、对题意的理解**

【例】小明口袋里有 40 元,到便利商店买了一罐奶茶花了 15 元,帮妈妈买一份报纸花了 10 元,又买两个茶叶蛋 10 元,请问剩多少元?小明买了几样物品?哪一种物品较贵?

◎ **自然课以查资料、观察及实验操作为主,学习单可以着重实验程序配对、了解基本概念**

◎配合实际情境设计学习单

【例】连一连：下面的图，它们表示"选举"和"投票"，哪一张图代表选举？哪一张图代表投票呢？请选出正确答案，并把它们连起来。

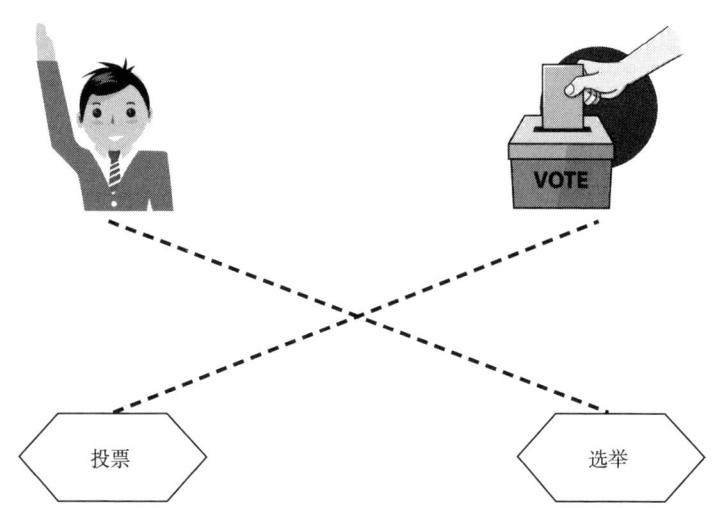

填一填：在下列空格中填入正确的答案。

· 年满（　　　）岁有投票选举候选人的权利。

· 国家领导人是通过（　　　）选出来的。

◎学习单涵盖不同领域

【例】生日会上一共有 23 个小朋友，大家一起吃比萨、果冻、喝果汁。

1. 生日会上大家吃什么？（　　　）、（　　　）还有（　　　）。

2. 一共有 23 个小朋友，一人一杯，一共需要（　　　）杯。

3. 一瓶果汁可以倒成 4 杯，请问需要（　　　）瓶果汁加上（　　　）杯（请画出来），至少要准备（　　　）瓶果汁才够。

◎ **让学生从课文中找到答案（设计课文作为教学指引）**

【例】社会课活动

【活动一】找个新家。

· 如果现在要买房子，你会选择住在哪里呢？（把小房子贴在海报上）说出你的选择及原因。

· 高楼很多，人很多，大部分人在工厂或是公司、商店上班，这种地方叫作城市。

· 高楼很少，人比较少，大部分人的工作是种田、捕鱼或养鸡鸭，这种地方叫作乡村。

【活动二】认识人口移动的"推力"与"拉力"。根据你的观察，住在乡村的人多，还是城市的人多？为什么有人要搬出乡村，搬进城市呢？

· 让人想搬出一个地方的力量，称作推力。

· 让人想搬进一个地方的力量，称作拉力。

【活动三】连连看

· 移出乡村的推力
　　· 工作机会多，赚的钱多
　　· 种田辛苦，赚的钱少
　　· 学校多，设备好
　　· 学校少，设备较差
　　· 医院多，设备充足

· 移入城市的拉力
　　· 医院少，设备较少
　　· 休闲、娱乐活动种类多
　　· 社会福利较好

【活动四】连连看：人口移动后造成的问题

· 城市问题
　　· 房屋不够居住，空间小
　　· 交通拥挤
　　· 噪声、垃圾污染

· 乡村问题
　　· 年轻人变少
　　· 多偷东西、打架事件

◎ **利用练习上的图表设计问题**

【例】有犬、豹、海豚、狐狸、狼等五种生物，依下表所给的资料，了解其分类上的关系，试回答下列问题：

	犬	豹	海豚	狐狸	狼
界					
门			脊椎动物		
纲	哺乳类		哺乳		
目		食肉	鲸		食肉
科	犬			犬	
属	犬				犬
种	犬	豹		狐狸	狼

（　）1. 在分类上与狐狸亲缘最远的为：

　　（A）犬　（B）豹　（C）海豚　（D）狼。

（　）2. 根据上表资料，哪些生物在分类上同属食肉目？

　　（A）豹　（B）海豚　（C）狐狸　（D）狼。

（　）3. 根据上表资料，下列叙述哪一个正确？

　　（A）狐狸与狼同属犬科　（B）犬与狐狸同属食肉目　（C）犬与海豚同属哺乳类。

◎ 改变题目的难度

【例】以下是联合航空去年从台北载客到各地的人数统计：

地区	美洲	欧洲	非洲	澳洲
人数	800,253	800,240	654,230	644,230

到哪个地区的人数最多？（　　　　）

到哪个地区的人数最少？（　　　　）

◎ 看答案想题目以测试对概念的理解

【例】设计一道题意和算式相同的题目。算式：49 + 19 = 68

答：百货公司昨天进货 49 把雨伞，今天又进了 19 把雨伞，百货公司共进了（　　　）把雨伞。

◎ 设计每科每个单元的概念树形图，以主题或概念为中心

【例】农民为了避免虫害、增加产量，大量喷洒农药、化肥与生长剂，请你想一想，这样会造成哪些问题和影响呢？请在空格内填入正确答案。

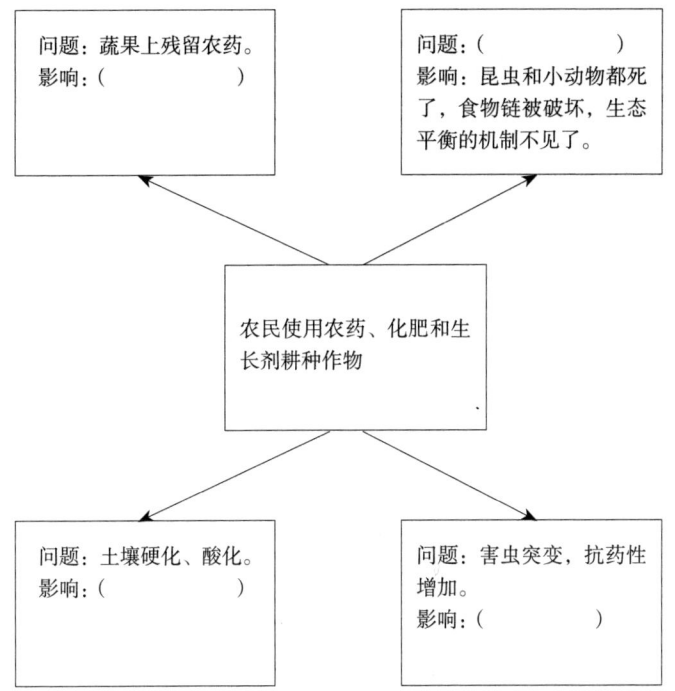

第三节 教师访谈

问：如何做学习单调整？

答：教师会将整个教学流程进行一遍，在中间插入特殊学生目标的时候，会设计一个如一张词语的学习单让学生选词填写，若是比较弱的学生，可能就是连连看。在插入不同的目标的同时，教师也会顺便想这时学生可以做什么样的练习或是学习单，然后再去设计。通常是一堂课约一张学习单，不要造成学生很大的负担，所以会有适当的分量，而内容就在设计流程的过程中一起设计。

问：教师在设计特殊学生的学习单跟普通学生有什么差别，是不是要根据特殊学生的个别化教育计划来设计？

答：普通学生的学习单会比较重视学生的创造力、想象力，特殊学生会按照他的个别化教育计划目标去设计。例如，教师觉得特殊学生的起点能力在这里，他现在要提升的是模仿造句、造一个完整的句子等，教师就会在这上面花较多的时间和篇幅。因为每个特殊学生状况不同，通常一个班级里面，假如有六个或八个特殊学生，可能会有几个是程度差不多的，这几个就会使用同一个学习单，另外又有一个或几个是差异较大的，那教师就必须另外再设计。设计会参考个别化教育计划目前特殊学生要学习的，然后配合这课的内容。普通学生比较需要培养写作能力，多写、多看，还有就是不要让想象力慢慢减弱，其实孩子在小的时候是非常有想象力的，所以普通学生会比较着重在这上面。

第十三章　作业调整

作业是课堂知识的延伸，也可以用来测试学生在课堂之外自己的思考能力，家庭作业指的是指定给学生在学校以外的时间做的作业。教师如果能够合理分配家庭作业并和课程联结，对学生而言是有积极意义的。普遍来说，学生对家庭作业存在意见的原因为：有些学生已经熟悉作业的内容，他们就会把家庭作业当作是额外的作业，认为它很浪费时间；有些学生缺乏独自完成作业的知识和能力；太多的作业会使学生感到泄气，尤其是放学后有许多有趣的东西（如电视）会将他们的注意力从作业上带走。

第一节　作业安排

教师在安排作业时必须注意下列事项：

·配合学校的政策：配合学校的理念留作业。例如，学校希望给予多元的作业，教师就必须配合。

·写信给家长：在学期一开始时就要和家长先沟通，让家长知道教师对家庭作业会如何安排。

·安排做作业的时间：建议学生自己安排做作业的时间，请家长监督学生是否做到。

·完成作业策略：确定学生有足够的时间及能力完成作业，可以以合作学习的方式完成作业，分组时采用异质性分组，让每组学生的动机和能力差不多。当学生一起完成每项作业时都可以得到一个分数，分数较高的小组可以得到较高的点数，然后以此类推，得到最多点数的小组可以从教师提供的奖品中选择自己想要的奖品。

·明确地指定作业：让学生清楚地知道今天的作业。

·评估作业是否适合学生的能力：批改作业时，评估作业是否适当，将学生每天完成作业的情形制作成图表。

·订正：当教师归还家庭作业时，明确地告诉学生哪些题目做错，并要求改正所有的错误。

·了解在家如何完成作业：家中是否有人协助，碰到问题时是否有人指导。

·安排适合学生的作业：太难或太简单的作业都不适合，最好符合学生程度，难度高的作业可以改成亲子作业。作业除了和课程内容联系,也可安排课本以外的作业提供新的刺激,也可以设计成游戏方式引起学生兴趣。

- 当学生比班上同学提早完成作业或需较多时间才能完成作业时,不可给予更多的功课,相反,可以让提早完成作业的学生选择有挑战性的作业,无法或需延后完成作业的学生则给予较简单或替代性的作业。
- 让班上学生分享完成作业的结果,让其他同学认识不一样的想法。
- 通常学生都被允许做其他作业,只要他们能在这个科目中表现出明显的进步,而且通过课本上或课外知识的定期测验,就可做其他的作业。

第二节 特殊学生的作业

特殊学生通常难以完成一般的家庭作业,原因有二:其一,特殊学生缺乏时间管理与学科技能;其二,特殊学生较难独立完成作业,需要家人及教师提供协助,建立家校沟通模式。要了解融合班作业的调整是否符合学生需求,可设计问卷请家长填写,以了解融合班特殊学生完成学校指定作业的情形,内容可以包括学生是否了解上课内容、完成作业的困难及需要教师协助的事项,如表13-1所示。

表13-1 家庭作业完成记录表

科目	年级	姓名	孩子能学到什么(能否了解)?	作业完成情形	完成作业遭遇的困难	需要教师协助的事项
语文	一	A生	不能明白拼音(字)的意思。	必须把字念出来才懂,不会拼字。	也许教他认字会比拼音更能了解。	拼音单个会念,拼在一起就不会念,是否能从他能记得的方式去教他。
		B生	s、h、n、e、ie、üe、ua的读写。	・需协助e、ang的运笔。 ・需协助指读。	・运笔没信心,速度太快。 ・需强迫注视。	可增加"量"。问题形式变化多,对答题方式反应不及,恐会影响主要目标的达成。
	二	C生	・开学了,所有东西都是新的,如新书、新干部等。 ・能了解。	汉字笔画位置、大小需指导,完成需半小时。 ・需引导他想短语。	无困难,作业非常适合。作业少多了,孩子、大人都很高兴。	这学期很棒,作业分量适中,只需订正一次就好了,不像上学期,同样地方出错订正不完。
		D生	・"单字—图"词语配对单字练习。 ・利用单字作业单制作字卡。	作业单需15分钟,作业本一面约20分钟。	需在旁提醒作业内容或利用仿写完成。	

续表

科目	年级	姓名	孩子能学到什么（能否了解）？	作业完成情形	完成作业遭遇的困难	需要教师协助的事项
语文	二	E生		造句部分联想能力比较差。	生字多时孩子会暴怒。	是否可列举相关的句子或形容词。
		F生		·写生字和圈词虽然速度较慢，需花较长的时间，但是没问题。 ·练习自己写功课，不会的地方再教，增加自信，减少依赖。	描述或心得的作业需家长协助。	教师批改作业很用心，会调整作业单的难度，作业内容很弹性。
	三	G生		·生字、组词、造句：约100分钟；协助：90%。 ·学习单约15分钟。	造不出句子，生字笔画控制不好，没耐心。	加强生字的理解练习。
	四	H生	·课文大意大致可以了解，只是无法叙述。 ·可了解字面上的意义。	·生字、词语很快可以完成，不需协助（30分）。 ·造句、词语填空需协助（30分以内）。 ·日记、阅读需协助（1个小时以上）。	·只要是写大意、日记、心得性质的作业，皆需家长协助，无法独自完成。 ·写生字词语很像在应付，都没记起来。尤其生字都用拆写的方式，先写部首，再写其他部分。	·上课需要较多的板书、图等视觉提示。 ·可否要求他要记住所写的字。 ·不断地说老师没有说要考试。
		I生	认识几个字？●	字约30分钟、认字约5分钟。	要家长陪同做作业。	·除了简单的连连看，其他需解释。 ·周二、周四另有课程，所以经常无力完成作业。
		J生	生字、词语、造句的部分大多能了解，对于课文的理解、分析尚需努力。	对于教师指定的作业大部分都能完成，并且慢慢学习自己了解题目完成作业。	至目前为止，配合度达九成。	随时会与教师联系，视情形调整作业的量与难易度。
	五	K生	能了解。	·因不能集中注意力而浪费时间。 ·需协助，如订正。	写作业易分心，会拖延完成时间。	会尽量配合教师，但因订正会花很多时间，所以如果减少写日记，不知老师觉得好不好？

续表

科目	年级	姓名	孩子能学到什么（能否了解）？	作业完成情形	完成作业遭遇的困难	需要教师协助的事项
语文	五	L生	回家很少复习课本。	妈妈不在旁边就不认真写。	日记常常乱写，不想写成内容都一样的。	能否两天或几天写一次，以免造成敷衍的情况。
语文	六	M生	可以。	查字典、写词语会自己做。	欠缺主动做功课的动机。	
语文	六	N生		需陪伴在旁，随时协助，约需40分钟。		感谢老师的辛劳，他越来越喜欢写字。
数学	一	O生	可数1至10，但数与量配不清楚。	记忆力差，刚教过第二天就忘了。	作业写完后，喜欢拿橡皮擦擦掉，制止他还是不听。	
数学	一	P生	教师问的问题可以正确回答，有时会念课文。	写作业很配合，慢慢进步中，需家长陪同的时间约1~2小时。		
数学	二	C生	·1数到200，有百位数概念。 ·百位数加法、减法。	不需协助，约10分钟。	无。	老师很棒，将每次作业均贴在首页，一目了然。
数学	二	D生	·可自行算10、1，或把每10个图形圈起来。 ·理解数的顺序。	·经反复练习可在15分钟内完成。 ·作业单一页需10分钟。	·十位数、个位数合计时要提醒。 ·喜欢看前面已完成的部分再仿写。	
数学	二	Q生	·学会加减法。 ·了解容器装水多少的问题。 ·了解天平上东西重与轻。	·通常花一个多小时完成，需要妈妈代笔。 ·勾选的作业可自己完成，约15分钟。	因为需要妈妈代笔，所以算得比较慢。	
数学	三	G生		·做法、算法需协助，完成约20分钟，协助约70%。 ·练习约180分钟。	看到加减位数增加就没信心及耐心计算。	

续表

科目	年级	姓名	孩子能学到什么（能否了解）？	作业完成情形	完成作业遭遇的困难	需要教师协助的事项
数学	四	H生	依其回家写作业的情形和速度，应该有了解。	不需协助（除非有文字叙述需解释）。	·数学大致没什么困难，只要他懂，他都会写。 ·对于"毫米"的概念不是很清楚，分、秒也不太清楚。	上课时多一些视觉提示和操作机会。
数学	四	R生	可理解老师上课内容。	乘法会背了，但运算仍稍生涩，也许可以多练习。	在长度测量上，因视力不良及手眼协调不佳，厘米较不易掌握。	麻烦老师放大尺寸。
数学	五	S生	利用方块学习除法。	·需要在旁提醒。 ·约 2 小时。	孩子对于除法的观念还是很难接受。	老师很尽心了，只是不知道是否还有其他方法可用？
数学	六	T生	钱币计算。	可完成 10 元纸币换成 1 元纸币的计算。	数字与图连连看中数字太大，不易正确数数。	可将数字小于 30。
数学	六	M生	应该大致了解。	需要很多协助，几乎是逐步引导。	不会主动计算，虽然原则和步骤都已记住。	目前难度还可以，需多练习。
自然	三	G生	风力、风向。	·观察风向约 15 分钟，需协助 50%。 ·学习单 20 分钟，协助 70%。	·需协助定方位。 ·作业单附件内容需解说。	
自然	四	H生	有概念，回家还会说出太阳、地球、月亮的关系。	表示不养动物、植物，回家未提过与自然相关的话题。		希望多一些视觉提示与操作机会。
自然	五	S生		所有实验均在校做，孩子不知如何写。	回家没东西可看，孩子无从着手。	是否能让每位孩子在学校完成实验作业。
自然	五	L生	一问三不知。	对习题的内容完全不了解。	家长有时也不知该如何写。	习题是否再简单些。
自然	六	T生	大约了解 50%。	思考性问题需要引导，记忆性问题较易作答。		

续表

科目	年级	姓名	孩子能学到什么（能否了解）？	作业完成情形	完成作业遭遇的困难	需要教师协助的事项
社会	一	B生	游戏安全。	需提示问题，逐一问他可或不可；约需5分钟。	乐于完成。	尚无。
	四	H生	比较抽象的概念、名词理解有困难。	要靠家长完成。	题意的了解比较困难，经验传承等观念很难讲解给他听。	希望教学时多一些视觉提示和操作。
	五	L生	不清楚在学校学什么。	完全排斥，要父母作答。	课本习题几乎无法自己回答。	可多出一些情境问题。

第三节 作业调整

即使是最好的作业也不见得适合特殊学生，从表13-1可知，特殊学生的作业仍有调整的空间。巴顿（Patton, 1994）提出下列调整作业的建议：

＊与家长合作。建立家校沟通的渠道，并让父母知道在学生写功课时，他们应该扮演什么角色。至于要由谁负责与特殊学生家长沟通，原则上是谁出的作业就由谁来沟通。

＊学生就读的第一年教师就要出家庭作业，这样可以让学生习惯回家做作业，并让家庭作业成为生活作息的一部分。

＊每一堂课需有专门指派、说明及收作业的时间。教师要有足够时间跟特殊学生解释作业，若只在下课前匆匆解释，特殊学生无法清楚了解作业内容，容易做错。巴顿认为，解释作业时，应包含以下项目：

- 解释作业的目的。
- 提示如何完成作业：挑出练习中的1~2道题作为范例来讲解。
- 估计花多少时间可完成作业。
- 把交代的作业写在黑板上，让学生抄在联络簿上。
- 解释作业的格式。
- 确定完成作业需要的材料。
- 告诉学生如何评估。
- 需有口头和文字说明。

＊跟其他教师合作。若发现班上的学生可能无法完成作业，教师可以与其他教

师合作，一起计划如何改变学生的行为。

＊确认学生了解作业内容。询问学生老师交代了什么作业，以确定学生真的了解该做什么作业。

＊若可能，让学生在学校写作业。如此可以在放学前了解学生的困难和问题。

＊使用专门的作业本或档案夹。特殊学生多半缺乏记忆和组织能力，因此作业需要写在特定的本子上，并存放在特定的地方或档案夹，如此父母才知道作业是什么，既便于协助，也可作为家校沟通的渠道。

＊要有全班性的作业奖励计划。当学生完成作业时，提供诱因与动机。

＊请父母签名并注明日期。有研究显示，如此学生会更努力做作业。

＊将作业列入评估。以家庭作业评估学生，对学生来说更有意义。

＊将作业与学生经验联结。将学生校内、外的经验与作业联结。

＊所出的作业需符合学生能力。作业的功能在于强化学习能力、维持技能和运用技能，而非考验学生尚未习得的能力。

国外的一项调查显示（Polloway, Epstein, Bursuck, Jayanthi & Cumblad, 1994），普通教育教师最喜欢的作业调整方式为调整作业长度，如缩短作业的长度或延长完成作业的时间；给予额外的教学协助；同伴协助；同伴读书会；用辅具协助学习；经常检查学生作业；允许学生以不同方式做作业如口头或书写。当然，一份作业是否成功，也要视学生的能力。学生除了要具备基本的学科能力外，也要有独立学习的习惯，并能有效掌握时间。

第四节　教师访谈

问：不同层次的学生如何设计不同的数学作业单？

答：以"时间"这个单元为例，数学有一种作业叫数学日记。数学日记是开放式的，每个学生根据自己的生活经验和学习环境写日记，这是其中一种比较弹性的方式，教师可以将一则数学日记和学生分享，请学生将图画延续、解答并做结尾。学生会把班上的同学纳入图画中当故事的主角及配角，并编写他们觉得有趣的故事，最后用他们能理解的方式将问题解答出来。在发言和讨论的过程中，学生们很乐于这样的形式，这是让他们喜欢数学的一个方法。教师可从数学日记中发现学生的无限创意，数学不再是平淡呆板的算式，当数学跟漫画结合在一起，不但多了情境、乐趣，也拉近了数学跟学生们的距离。图13-1，学生以漫画形式来布题，但是并未就题目给予解答，而是以"待续"的方式将解答留在下一回，教师可以将这一则漫画延续解答并做结尾。图13-2至图13-4是学生延续的作品。除了数学日记还有特别的作业单,教师可能出一个活动让学生去做。普通学生没有出作业单,因为课本的练习和数学日记已经足够了;特殊学生可能会出两个,一个给程度稍微好一点的同学,将课本的题目改编,提供方法及范例;第二个可能更简单,有教过、有日历就可以操作、完成作业单了。

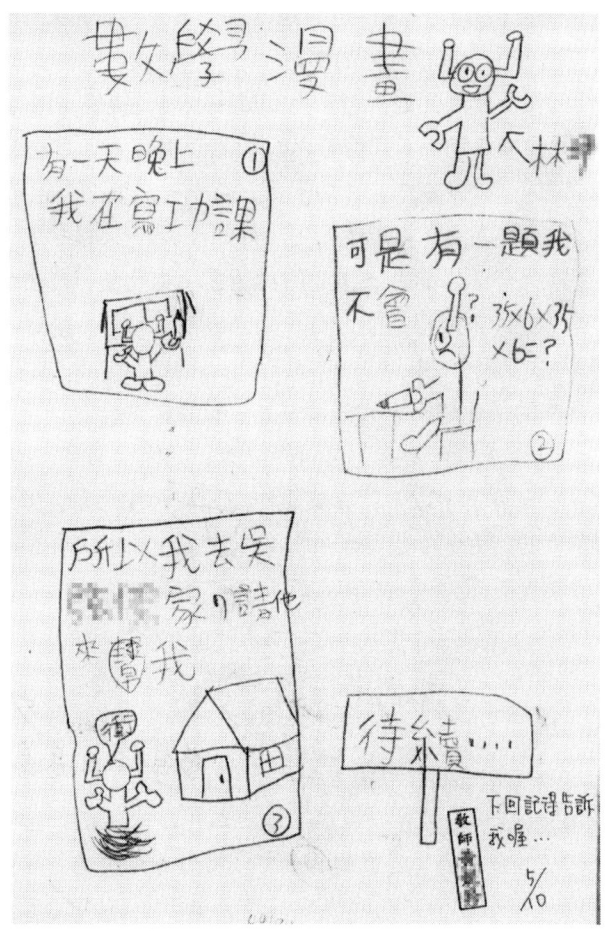

图 13-1　数学漫画

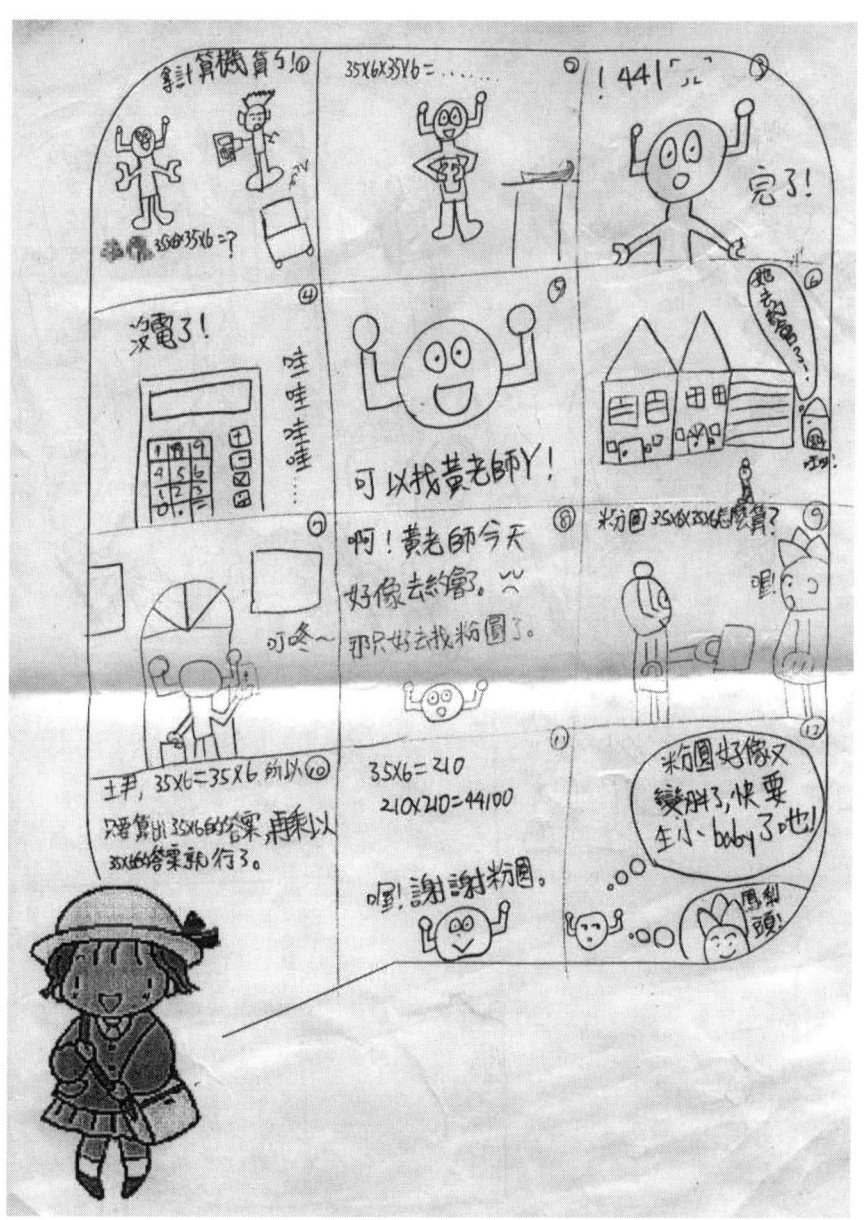

图 13-2 我会买东西

图 13-3　对称图形与全等——天使和恶魔　　图 13-4　生活中的线对称图形——衣物篇

问：教师如何让作业与个别化教育计划结合？

答：语文其实挺传统的，如读一个故事、问几个问题，或是造句、组词，都可以设计出来，因为大概就是这些东西。重点是如何让其趣味化，让学生做起来不会觉得枯燥。教师可能会设计一些图案，设计一些比较有趣的方式，如闯关或是将主角换成动物，教师会先去了解学生最喜欢的卡通人物，如皮卡丘或神奇宝贝，这样设计时就可以加进去，学生会觉得比较不一样。

问：作业单会常需要家长的协助吗？

答：教师会比较偏向让学生可以尽量独立完成，家长要协助的就是在学习单后面有一个学生独立完成多少百分比的部分，请家长观察这张学习单有多少是学生自己完成的，如果是在百分之六十以下，那就有可能这一张学习单对学生来说比较困难，教师就要再做调整。教师希望设计的学习单是学生现有能力再难一点点，大部分是他自己可以完成，有一部分是有一点挑战度，让学生不至于有太大的挫折，又可以从这里将自己能力再提升一点，这是最好的设计。

问：如何将作业与上课内容充分联结？

答：教师在上课过程当中会提到该部分有作业，学生在课堂上就会学习或讨论，然后做作业。

问：普通学生和特殊学生作业单是否有所不同？如何调整难度？
答：一定会有不同。有些是一样的，有些是大部分都不一样的。调整的部分，基本上有一部分是只给特殊学生的，有一部分是只给普通学生的。如果是特殊学生跟普通学生共同的作业单，特殊学生的作业单上面会给比较多的提示，教师会在上面帮学生写出步骤，或是写出上半部，学生通过教师给他的提示做下半部，降低难度。

问：如何将个别化教育计划内容和作业内容结合？
答：已经知道学生能力在哪里，作业里面就会有一些要完成的目标的内容。

问：作业单设计会要求家长参与或协助吗？
答：大部分普通学生的作业单都可以自己完成，特殊学生的作业单基本上家长都会协助他们完成。如果是比较简单的，就是特殊学生自己完成然后家长再看；有时候会要求家长完全不要协助，教师要看看学生自己写出来的会是什么样子；有些需要搜集资料或是需要引导然后记录的，就会需要家长协助。

问：设计作业单时最大的困难？
答：花时间。

问：除了课本练习还有哪些作业？
答：学习笔记，就是平常上课听到的，或是比较特别的内容，学生要将感想写在上面。有时候教师会贴一些整理的资料或笔记给学生当作业写，有时候是给学生问题，但有些学生就可能做不到，那他的目标是会查课本练习记录就可以了，而连这都做不到的，写好让他按顺序贴上去即可，不会要求他们写，因为这是比较思考性的问题；有些学生会跟他们说在哪里，他们从课本里面查然后抄上去，其他学生就会自己写。笔记的部分就是其他学生要做笔记，不会做笔记的就用贴的方式。

参考文献

中文部分

[1] 柯林·罗斯，麦尔孔·尼可. 学习地图：21世纪加速学习革命 [M]. 戴保罗，译. 台北：经典传讯文化，2004.

英文部分

[1] Bricker D, Cripe J J W. An activity-based approach to early intervention [M]. Baltimore：Brookes, 1992.

[2] Broun L T. Teaching students with Autistic Spectrum Disorders to read[J]. Teaching Exceptional Children, 2004, 36(4):36-40.

[3] Hubbard L R. Learning how to learn[M]. CA：Bridge Publications, 2000.

[4] Johnson D W, Johnson R T. Learning together and alone(4th ed.)[M]. Needham Heights, MA: Allyn and Bacon, 1994.

[5] Kluth P, Straut D M, Biklen D P. Access to academics for all students：Critical approaches to inclusive curriculum, instruction and policy[M]. London Routledge: Douglas Biklen, 2003.

[6] Mayle J. Maladies and remedies for modifications for mainstreamed adolescents with academic difficulties[M]. Plymouth, Michigan：Community School District, 1979.

[7] McCoy K. Strategies for teaching social studies[J]. Focus on Exceptional Children, 2005, 38(3):1-14.

[8] Myles B S. Children and youth with Asperger Syndrome：Strategies for success in inclusive setting[M]. Thousand Oaks, CA: Corwin Press, 2005.

[9] National Council of Teachers of Mathematics (ed.). Principles and standards for school mathematics[M]. Reston, VA：NCTM, 2000.

[10] Patton J R. Practical recommendations for using homework with students with learning disabilities[J]. Journal of Learning Disabilities, 1994, 27:570-578.

[11] Polloway E A, Epstein M H, Bursuck W D, et al. Homework practices of general

education teachers[M]. Journal of Learning Disabilities, 1994, 27: 500-509.

[12] Sharan S, Russell P. Cooperative learning in the classroom: Research in desegregated schools[M]. Hillsdale, NJ: Lawrence Erlbaum Associates, 1984.

[13] Slavin R E. Effects of student teams and peer tutoring on academic achievement and time on-task[J]. Journal of Experimental Education, 1978, 48:252-257.

[14] Uesaka Y, Manalo E. Task-related factors that influence the spontaneous use of diagrams in math word problems[J]. Applied Cognitive Psychology, 2011, 26:251-260.

[15] Williams D. Autism: An inside out approach[M]. London: Jessica Kingsley Publishers.1996.

[16] Williams D. Nobody nowhere: The extraordinary autobiography of an autistic [M]. New York: Avon, 2003.

作者简介

吴淑美

美国密苏里大学 (University of Missouri-Columbia) 特殊教育 PH.D
美国密苏里大学 (University of Missouri-Columbia) 儿童发展与家庭发展硕士
美国密苏里大学 (University of Missouri-Columbia) 统计硕士
台湾政治大学心理系学士
1987 年 8 月至新竹教育大学（现改为台湾清华大学）初等教育系任教（担任副教授）并兼任特殊教育中心主任
1989 年开始实施学前融合教育实验，向当时的"教育厅"申请学前语障及听障融合计划
1993 年成立特教系，担任特教系教授兼第一任特教系系主任
1994 年成立新竹教育大学附属小学（现改为台湾清华大学附属小学）融合班，向"教育部"申请设立特教实验班，担任特教实验班计划负责人三年，之后继续指导融合班
2000 年成立新竹市育贤初中融合班
2000 年成立财团法人福荣融合教育推广基金会，担任董事长至今
2004 年完成融合教育校区兴建
2004 年基金会成立体制外初中融合班
2015 年至 2016 年担任非学校型态初中融合教育团体实验计划负责人
2016 至 2017 年连续两年担任香港教育大学幼教系学前融合学分班 (Certificate in Professional Development Programme Catering for Diverse Needs of Young Children) 校外监审员 (External Examiner)
2000 年至 2016 年拍摄三部融合教育纪录片（《同班同学》《听天使在唱歌》《晨晨跨海上学去》）并担任导演

出版著作和影视作品
2011 年：《同班同学（DVD）》（"新闻局"）、《听天使在唱歌（DVD）》（财团法人福荣融合教育推广基金会）

2013年：《天使的农场（电子书）》（长晋数字）

2014年：《孩子教我们的事（第一辑）》（长晋数字）、《孩子教我们的事（第二辑）》（长晋数字）

2016年：《晨晨跨海上学去纪录片（DVD）》（财团法人福荣融合教育推广基金会）获休斯敦影展纪录片铜牌

2016年：《融合教育理论与实务》《融合教育教材教法》《幼儿园大班教学活动课程设计：配合新课纲设计的120个活动》《幼儿园中班教学活动课程设计：配合新课纲设计的120个活动》《幼儿园小班教学活动课程设计：配合新课纲设计的120个活动》，均由台湾心理出版社出版